# 영화평론 35

Korean Film Critiques 2023

# 영화평론 제35호
## Korean Film Critiques

**발행일**  2023년 10월 31일
**발행인**  육정학
**편집인**  성일권, 강선형
**발행처**  (사)한국영화평론가협회

**편집/인쇄**  한국학술정보(주)
**주 소**  경기도 파주시 회동길 230
**전자우편**  booktory1007@kstudy.com
**전 화**  031-940-1007    **팩 스**    031-940-9933
**ISBN**  ISBN 979-11-6983-787-3 (Print)
          ISBN 979-11-6983-807-8 (Online)
**ISSN**  2636-0330 (Print)
          3022-1641 (Online)

※ 잘못 만들어진 책은 구입하신 서점에서 바꾸어 드립니다.
※ 값은 표지 뒷면에 표시되어 있습니다.

영화 평론

Korean Film Critiques vol.35

# 목 차 contents

**기획특집1**　　**영평이 주목한 올해의 한국 영화**

**정재형**　(1) 2023년 한국영화 최고의 걸작
　　　　　　　 - 이원영 감독 〈희망의 요소〉(2023) · 008

**윤필립**　(2) 아무도 간 적 없는 낯선 곳에 이미 익숙하게 가 있는,
　　　　　　　 〈킬링 로맨스〉 · 014

**정민아**　(3) 〈드림팰리스〉 을들의 전쟁, 쓸쓸한 우리의 아파트 · 021

**지승학**　(4) 글쓰기와 고해성사 그 안의 가족
　　　　　　　 - 영화 〈비밀의 언덕〉(2023) · 028

**강선형**　(5) 아득하고 흐릿한 시간을 여행하는 거장의 자취,
　　　　　　　 〈물안에서〉 · 035


**기획특집2**　　**해외영화제에서 주목한 한국 영화**

**황영미**　(1) 2023년 제76회 칸국제영화제 특성과 한국영화계의
　　　　　　　 과제 · 044

**윤성은**　(2) 25년 후 돌아볼 우리 영화사의 민낯이 아름답기를,
　　　　　　　 '우디네 극동영화제' · 055

**전찬일**　(3) 2023년 칸영화제를 통해 한국영화의 위상을
　　　　　　　 다시 들여다보다 · 062


**신인의 발견**　　**김희경** 김세인 감독론 - 강렬한 제목을 뛰어넘는 세밀하고 집요한
　　　　　　　　　　　　　 시선 · 072

**국내영화 리뷰**     **곽영진** 〈밀수〉· **082**

**송영애** 〈더문〉· **086**

**박유희** 〈콘크리트 유토피아〉· **093**

**이수향** 〈비닐하우스〉· **097**

**강익모** 〈사랑의 고고학〉· **103**

**박태식** 〈탄생〉· **107**


**국외영화 리뷰**     **조혜정** 〈스즈메의 문단속〉· **114**

**정민아** 〈에브리씽 에브리웨어 올 앳 원스〉· **117**

**안숭범** 〈더 웨일〉· **123**

**윤필립** 〈바빌론〉· **129**

**이동준** 〈파벨만스〉· **133**

**이현재** 〈아바타: 물의 길〉· **137**


**신인평론상**     **김윤진** [장편] 영화 속 식인과 살인을 둘러싼 카니발리즘적 욕망에 대하여

– 〈로우(Raw)〉와 〈본즈 앤 올(Bones and All)〉을 중심으로 · **144**

[단편] 〈물안에서〉가 암시하는 관객의 (그리고 영화의) 운명에 대하여 · **159**

수상소감 · **163**

**송상호** [장편] 정주리 감독론 : 찰나의 생성 지대 · **164**

[단편] 〈범죄도시 3〉, '마석도'가 되려는 마동석 vs 마석도가 '되려는'

마동석 · **179**

수상소감 · **183**

**문학산** 심사평 · **184**


**영평상 특집**     **손시내** 〈영평 10선〉· **188**

영평 10선 포스터 · **194**


**편집자의 말**     성일권/강선형 · **198**

Korean Film Critiques

# 기획특집

## 영평이 주목한 올해의 한국 영화

(1)
2023년 한국영화 최고의 걸작 - 이원영 감독 〈희망의 요소〉(2023) 정재형

(2)
아무도 간 적 없는 낯선 곳에 이미 익숙하게 가 있는, 〈킬링 로맨스〉 윤필립

(3)
〈드림팰리스〉 을들의 전쟁, 쓸쓸한 우리의 아파트 정민아

(4)
글쓰기와 고해성사 그 안의 가족 - 영화 〈비밀의 언덕〉(2023) 지승학

(5)
아득하고 흐릿한 시간을 여행하는 거장의 자취, 〈물안에서〉 강선형

# 2023년 한국영화 최고의 걸작
## - 이원영 감독 〈희망의 요소〉(2023)

### 정재형 (영화평론가, 동국대 명예교수)

한국영화에 희망이 있을까? 지금 우리들은 영화의 죽음을 말하고 있다. 아마 대부분 산업적으로 죽음이 가까웠다고 말하곤 할 것이다. 하지만 이원영감독의 〈희망의 요소〉를 보면(개인적으로 이 영화를 올해 최고의 영화로 꼽고 싶은데) 한국영화의 희망은 여기 이 작은 지점에서 다시 시작한다고 말하고 싶다. 영화의 종말도 결국 잘 만든 영화가 구원할 것이라는 생각인 것이다. 우리는 다르게 바라보는 것에서 다시 태어나야 할지 모른다. 이 영화는 다르게 바라보는 시선에 관한 영화다. 이불에 덮힌 아내의 노출된 발로부터 영화는 시작한다. 새끼 발가락에는 밴드가 붙여져 있다. 카메라가 고정된 롱테이크로 길게 지속된다. 고단한 삶을 상징하는 장면이다. 남자는 여자의 발을 덮어주려 하지만 아내가 거부한다. 둘을 소개하고 그 긴장감을 보여줌으로 인해 영화는 모든 이야기를 이미 다 해버렸는지도 모른다. 이렇게 영화의 처음은 중간과 마지막을 잇는 가장 핵심적인 미장아빔으로 영화를 시작한다. 영화의 핵심은 어디 다른 데 있지 않고 이러한 색다른 시선을 보여주는 장면의 묘사에 있다. 환유적인 장면(부분)으로 전체를 설명하는 식이다. 사건의 진행 대신 미리 앞서가는 함축적 영상과 음향을 통해 진행한다. 로베르 브레송이 익히 사용했던 방식이며 2023년 영화의 종말을 외치는 시점에 그를 다시 소환하게 된다.

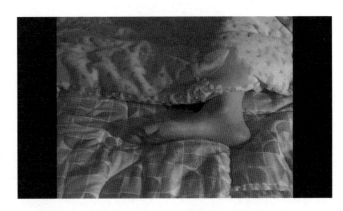

브레송의 영화언어는 영화의 두 번째 창세기로 말해지기도 한다. 장 뤽 고다르는 브레송에 의해 영화가 재발명되었다고 말한다. 그건 헐리우드가 구축했던 고전적 환영주의 미학에 대한 대안적인 언어일 것이다. 이 영화를 보고 정말 놀랐던 것은 요즘 영화의 종말을 말하는 시기에 이처럼 영화의 재발명에 관심을 갖고 영화를 찍는 감독이 있다는 데에 먼저 충격을 받았다. 제목 그대로 희망의 요소가 이 영화안에서 발견되고 만 것이다. 이 영화를 보고나서의 벅찬 감동은 내용, 주제의 감동 만큼이나 그 언어적 발명의 놀라움 때문이었다. 그런 진지함과 열정이 드디어 망해가는 한국영화를 구원해줄 희망의 언어임을 발견한 기쁨, 설레임, 흥분은 이루 말할 수조차 없이 숨가쁜 일이다. 이 영화는 브레송의 영화를 발견했을 때, 오즈 야스지로를 발견했을 때, 장 뤽 고다르를 발견했을 때의 감동과 크게 다르지 않았다. 당대에 와서 차이밍량이나 하마구치 류스케, 고레타 히로카즈를 발견했을 때와도 비슷했다.

줄거리는 단순했다. 여자는 경제력이 없는 남자에게 불만을 품고 이혼을 꿈꾼다. 남자는 그저 일을 한다. 여자의 외도를 발견한 후 잠시 떨어져 있기로 결심하고 집을 떠난다. 하지만 남자가 남긴 소설을 읽고 여자는 변하며 일년후 그들은 다시 재회한다. 영화는 서사만을 따라가지 않는다. 영화스타일은 단순히 스토리를 강화시키는 역할만을 하는게 아니라 관객들을 사유하게 한다. 여기서 영화언어는 서술이 아니라 묘사다.

서은이라는 여자의 이름이 핸드폰을 통해 잠시 노출되지만 그들의 대사에는 한번도 불려지지 않는다. 남자든 여자든 이름은 중요하지 않다. 익명성은 이미 60년대 포스트 모더니즘 영화에서 익숙한 방식이다. 알렝 레네의 〈지난해 마리엥바드에서〉, 〈히로시마 내 사랑〉 등의 영화에서 익명성은 포스트 모더니티의 한 징후로 등장했다. 〈비브르사비〉에서 나나(안나 카리나)가 혼자 칼 드레이어의 〈잔다크의 수난〉을 보며 뺨으로 한줄 눈물을 흘리는 장면은 〈희망의 요소〉에 기시감으로 다가온다. 남자는 텔레비를 보면서 눈물을 흘린다. 나나는 잔다크의 죽음을 보면서 비극적 운명에 빠지는 자신을 바라보지만, 남자는 사랑하는 두 남녀의 행복을 보면서 자신에게 닥친 안타까운 사랑의 눈물을 훔친다.

이 영화가 구사한 스타일을 하나의 개념으로 요약한다면 미니멀리즘이다. 흑백화면도 그러한 개념에서 도출된 것이다. 미니멀리즘은 지금 시대의 컬러풀한 들뜸을 가라앉히는 흑백으로 묘사된다. 미니멀리즘으로 색의 서사를 제거하고 그 형태의 물성이 갖는 원초적 움직임 만으로 두 남녀가 소통하지 못하는 답답함과 억압을 묘사해낸다. 두 남녀는 불편해하고 답답해 한다. 그것은 일차적으로 여자에게 다가온 경제적 빈곤에 대한 두려움의 강박관념이다. 남자가 경제적으로 무능력하여 여성 조차 빈곤해질 것을 예상할 때 나타나는 두려운 감정이다. 그것은 서서히 여자를 변하게 만든다. 자본주의 사회가 젊은 그들을 나약하게 만들고 유혹하는 요소중 가장 큰 요소는 경제적 빈곤과 성적 억압이다. 여자는 그러한 유혹에 걸려들었고 남자는 그걸 바라보면서 괴로워한다. 이원영 감독은 이들의 불편하고 긴장된 관계를 노동하는 남성의 일상의 장면으로 스케치하듯 담담하게 묘사해낸다. 영화사속의 여러 대단한 작품들이 떠오른다. 마르셀 아눙의 〈단순한 이야기〉(1959). 장 뤽 고다르의 〈비브르 사비〉(1962), 로베르 브레송의 〈무셰트〉(1967), 샹탈 아케르망의 〈잔느 딜망〉(1975), 다르덴 형제의 〈로제타〉(1999), 알폰소 쿠아론의 〈로마〉(2018). 이들 영화가 여성주인공의 노동이었던데 비해 〈희망의 요소〉는 남성주인공의 노동을 묘사한다. 남녀 일상의 노동을 미니멀하게 묘사하는 것은 어떤 의미를 갖는가? 기본적으로 말에 대한 실천의 의미로 부각된다. 이들 영화들은 말(대사)을 극소화하고 대신 장면을 통해 의미를 만들어낸다. 일상의 노동은 그들의 상황이고 내면이고 삶을 성실하게 살아가는 부분의 묘사이다. 말, 이성, 로고스에 대한 반대이며, 행동, 감성, 파토스에 해당한다.

남자는 식사를 준비하고, 빨래를 하고, 혼자 밥을 먹고, 쓰레기를 버리고, 철근을 폐기하는 육체노동을 한다. 그리고 틈틈이 글을 쓴다. 그는 말 없이 여자를 위해 일상을 영위하는 노동을 하며 살고 있다. 그것이 무슨 일이든 간에 위에 거론한 영화들과의 공통점은 묵묵히 행해지는 일상 노동 장면들의 지리한 나열이라는 점이다. 이러한 간결한 장면들의 무한 반복적 연결은 서사를 드라마틱하게 끌어가지 않으며 인물들이 놓인 현실의 이면을 진지한 자세로 집중하게 만든다. 영화속의 시간은 더 이상 진행하지 않으며 공간에 멈춰서 있다. 그 공간은 바로 현관으로 표상된다.

　　영화는 관객의 자발성과 능동성을 끌어올리는 미학을 구사한다. 보드웰이 명명한 매개변수적 서사(parametric narration)에 속하는 여러 스타일중 가장 두드러진 것은 발, 신발에 대한 환유적 묘사다. 영화는 수시로 현관을 보여주는데 거기서 보여주는 신발들은 영화의 서사를 운반함과 동시에 내면적 의미들을 사유하게 만든다. 아내의 외도를 목격하는 장면은 현관에서 발견하게 되는 반짝이는 아내 연인의 구두와 살짝 열려진 방에서 들려오는 아내의 교성을 통해서다. 남자의 운동화와 슬리퍼, 아내의 굽이 있는 구두와 편상화 등은 남자와 여자를 구분하는 기호며 그들 갈등의 서사를 상징한다. 거의 마지막에 와서 둘의 갈등은 와해되고 희망으로 나아간다는 신호는 현관에 놓여진 아내의 운동화로서 성취된다.

　　현관의 신발 뿐 아니라 그것의 외연은 남자의 헐벗은 발이다. 아내의 피곤에 찔든 발로 시작된 영화는 남자의 헐벗은 발을 통해 그의 무안함과 무기력과 고통을 전달한다. 영화의 상형문자화 혹은 상형문자성은 영화언어가 원초성, 즉 이미지와 사운드의 물성을 통해 관객의 사유를 근원의 지점으로 향도하게 한다.

　　미니멀리즘 개념은 음향 역시 지배한다. 말을 줄이는 대신 여백을 채우는 것은 현장음이다. 둘은 어색하게 마주 앉아 식사를 하고 침묵의 공간을 텔레비전에서 나오는 뉴스 소음이 채워나간다. 현장음의 적극적 활용은 사실주의의 공간적 장식을 넘어서 남녀의 어색한 관계를 표현하고 묘사하는 의도적인 장치다.

영화는 좀처럼 말을 내뱉지 않는다. 왜? 세상에서 말은 공해고 소음이기 때문이다. 말은 껍데기고 너스레고 허영이기 때문이다. 현재 한국사회의 모든 내로남불의 개념은 말에서 시작해 말에서 끝나는 것들이다. 영화는 말하지 않는 남자의 노동을 통해 말보다 실천이 더 중요함을 가르친다. 그러한 말의 폐기의 당위성을 이 영화의 언어를 통해 관객은 뼈저리게 깨닫는다. 영화적 사유란 바로 이런 것을 말한다. 이미 결말이 뻔한 이야기를 애쓰듯이 만들어 나가는 언어적 반복이 아니라, 알 수 없는 마주침이며 사유의 도화선을 당기는 찰나적 불꽃이다. 그게 바로 다른 시선의 영화언어인 것이다. 남자가 여자에게 남긴 것은 말대신 소설이다. 그 소설이 여자에게 희망의 요소로 변한다는 것은 허구가 삶을 변화시킨다는 신박한 의미를 준다. 더욱 흥미로운 점은 남자가 기록한 둘의 실제적 삶이 소설이 되고 그게 다시 영화가 되어 존재한다는 것이다. 이렇게 영화는 또한 스스로 영화를 말한다. 영화속 소설 [희망의 요소]는 그대로 영화 〈희망의 요소〉가 된다. 그 순환의 이치를 감독은 소중하게 생각한다. 영화란 무엇인가에 대한 나름 대답이기 때문이다. 영화란 무엇인가? 그건 눈앞에 펼쳐진 삶이며, 살아가는 삶이며, 절망에서 희망으로 변화시켜주는 요소이고, 소설(픽션)이고 다시 영화인 것이다. 그것은 또한 다른 생이며 다른 시각인 것이다. 세상을 다르게 바라보기. 영화언어는 서사를 하는 기법이 아니라, 세상을 다르게 바라보는 시각체계인 것이다.

이 영화는 글쓰기를 통해 입으로가 아닌 새로운 말하기를 시도한다. 남자의 소설은 여자의 편지로 되돌아 온다. 말은 결국 사라지는 것이며 불멸하지 않는다. 그들은 글에서 글로 이동한다. 영화속에서 글이 희망의 요소로 변화되는 상황을 바라보게 된다.

여자는 남자에게 삐뚤어진 자신을 혼내거나 욕해주기를 바랬다고 말한다. 그녀는 남자가 "이야기하지 않았어"라고 말한다. 남자는 말로 이야기하는 대신 소설을 던져주고 집을 떠났다. 모든 희망적인 말들이 얼마나 허망하고 기만적이고 결국 쓰레기인지 우리들은 경험적으로 알고 있다. 사회를 살아가는 사람들이나 모든 부모들이 자식에게 항상 말로 거짓말한다. 이 영화는 그 거짓말을 통렬히 반성한다. 이제 말이 아니라 실천이다. 그게 바로 희망의 요소란 말이다. 말이 아니라 글만이, 쓰여진 것만이 진실을 증언한다는 이야기이기도 하다.

일년 후 여자가 남자를 만나 손을 잡는 클로즈업장면이 나온다. 이 장면은 쥬네트에 의하면 예상(prolepsie)기법과 유사하다. 시간상 이 장면은 뒤에 나오는 여자의 독백대사를 미리 암시한 장면이다. 그러나 엄밀하게는 예상이 아니다. 여자가 남자에게 남긴 편지를 통해 서술된 내용을 확인하는 장면이지 미래 장면을 앞에 끌어다 놓은 건 아니다. 하지만 이러한 도치 기법은 영화의 의미를 풍요롭게 만든다.

더욱 압권인 것은 영화의 마지막 부분에 나온 그녀의 시선이다. 빈 공간을 응시하는 그녀의 시선의 대상은 보이지 않지만 그곳에 남자가 있음에 틀림없다. 여백을 응시하고 그곳에 남자가 있으리라는 예상을 관객의 상상에 맡기는 미니멀리즘 미학은 엔딩을 통해 신화와 불멸의 이미지로 향한다. '슈베르트 즉흥곡 작품9'의 감미로운 음악과 더불어 바다앞에 서있는 그들의 실루엣으로 영화가 마침내 끝난다. 바다는 그들앞에 놓인 희망을 상징한다. 이 엔딩장면은 남녀가 하나가 되어 비로소 희망이 시작됨을 감동적으로 묘사한다. 그러나 이 영화는 남녀에 관한 영화가 아니다. 이 영화는 시선에 관한 것이다. 기본적으로 다르게 세상을 바라보는 사유를 위한 것이다. 영화적 사유는 세상을 다르게 보게 만듦으로써 영화를 단순하지 않게 만든다. 세상을 있는 그대로인 관습에서 벗어나게 하는 힘, 그게 이 영화가 한국에서 희망적일 수 있음을 보여준 점이 아닐까. 이원영의 〈희망의 요소〉를 발굴한 즐거움은 정말로 큰 수확이다. 작품성이야말로 관객에 다가가는 가장 중요한 한국영화 희망의 조건이라는 새삼스러움 때문이다.

# 아무도 간 적 없는 낯선 곳에 이미 익숙하게 가 있는, 〈킬링 로맨스〉

윤필립 (영화평론가, 세종사이버대학교 한국어학과 초빙교수)

## 1. '신선함'이 간절한 순간

아마 중학교 시절이었던 것 같다, 영화의 제목이 무엇인지도, 출연한 배우나 감독이 누구인지도 모름에도 특정 한 장면을 똑똑히 기억하고 있는, 그래서 다시 보고 싶지만 찾을 수 없어 안타깝기만 한 그 외국 영화를 TV로 본 것이. 그 이야기는 성격이 가지각색인 여성들의 일상을 다룬 블랙코미디였던 것으로 기억할 뿐 영화를 보는 내내 스토리가 한 마디로 요약이 안 될 정도로 뒤죽박죽이었다. 그래서 뭐 이런 영화가 다 있나 싶어 오기로 끝까지 봤던 것을 또렷이 기억한다. 그렇게 이렇다 할 특징 하나 없는 내용이었음에도 그 영화를 아직도 기억하고 있는 것은, 위기일발의 상황 가운데 여성들 중 한 명이 뜬금없이 용처럼 입에서 불을 뿜으며 위험을 모면하는 장면을 보고 박장대소했기 때문이다.

언제 떠올려도 어처구니없는, 그렇지만 개연성이 없는 것 자체가 매력이었던 그 영화는, 지금 생각해보면 아마도 미국 영화산업에서 전략적으로 배급했던 TV용 B급 영화가 아니었을까 싶다. 이 영화가 필자에게 각인된 것은 단순히 B급 정서로 무장한 영화였기 때문이라고만은 할 수 없다. 그보다는 당시 사실주의에 천착해 있던 한국영화에서 볼 수 없었던 새로움이 그 영화에는 명백히 존재했고, 그래서 서태지가 촉매제가 된 대중문화혁명 직전의 10대에게는 그것이 매우 신선했기 때문이다. 예상컨대, 아마도 올해 〈킬링 로맨스〉(이원석, 2023)가 MZ 세대를 중심으로 충성심 강한 팬덤이 형성됐던 이유도 이와 유사한 현상이 아니었을까 생각한다. 다시 말해서, 한국영화가 세계적인 스포트라이트를 받고 있음에도 국내에서는 〈범죄도시〉 시리즈와 같은 극소수의 기획영화 외에는 관객들이 외면하는 이유가, 세대 변화를 무시한 채 '한국형 웰메이드 영화'를 이야기해 왔기 때문이라 볼 수도 있다는 것이다.

## 2. 정답은 'B급 정서'

다시 필자가 본 그 B급 영화의 시대로 넘어가면, 그때는 시기적으로 90년이나 91년의 언제쯤이었는데, 아직 문화 대통령 서태지가 데뷔하기 전이었으므로 당시의 10대나 20대 등 이른바 젊은 세대들이 즐길 한국 대중문화라 할 만한 것들은 제대로 형성되어 있지 못했던 때였다. 그래서 지금의 MZ 세대나 다름없는 그들은 신파일색이었던 당대의 한국 대중문화에서 고개를 돌려 미국과 홍콩, 대만 등 외국 대중문화를 통해 자신들만의 '오빠'나 '누나'에 열광하고 있었다. 이 시기의 한국영화계도 각 대학의 영화 동아리를 중심으로 활동하던 시네필들이 충무로를 중심으로 '영화운동'을 전개하면서 이제 막 그 결과물을 내놓기 시작하던 때, 당시의 젊은이들에게는 '방화'로 불리던 한국영화는 여전히 새로울 것 하나 없는 구태의연함의 반복일 뿐이었다.

그러다 92년 서태지의 출현 이후 그야말로 '대중문화혁명'이 일어났는데, 이는 그러한 기조를 주도했던 당대의 젊은이들을 학계와 주류 매스컴에서 '신세대' 내지는 'X세대' 등으로 명명할 정도로 하나의 큰 현상이었다. 시의적절하게도 영화계에서는 〈행복은 성적순이 아니잖아요〉(강우석, 1989) 이후 다소 뜸했던 기획 영화들이 〈결혼이야기〉(김의석, 1992), 〈가슴 달린 남자〉(신승수, 1993), 〈마누라 죽이기〉(강우석, 1994), 〈닥터 봉〉(이광훈, 1995) 등으로 쏟아져 나왔고, 그것은 신세대들의 인식 속에 구태의연함으로 자리 잡고 있던 한국영화에 대한 인식이 점차 바뀌기 시작하는 계기가 되었다.

다소 서두가 길었으나 이는 〈킬링 로맨스〉를 다룰 때 필수적인 두 요소 즉, 'B급 정서'와 그것의 순기능으로 작용한 '신선함'을 전제하는 과정이었다. 잘 아는 것처럼, 〈킬링 로맨스〉는 이원석 감독이 근 10년 만에 선보인 장편 상업 영화인데, 이원석 감독으로 말하자면 충무로 데뷔작 〈남자 사용 설명서〉(2013)에서 기존에 한국에서 볼 수 없었던 이른바 'B급 정서'를 성공적으로 상업화한 장본인이다. 〈킬링 로맨스〉는 감독의 이러한 영화적 계보를 잇는 작품으로, 씨네21의 2023년 4월 20일자 기사에 따르면 감독과 제작자는 "모든 사람이 좋아하는 영화를 만들 순 없다."라고 하면서 "이왕 만드는 김에 평평하게 만들지 말자."라고 다짐했다고 한다. 이러한 다짐에 걸맞게 이 영화는 적어도 한국영화사에서는 지금까지 본 적 없는 새로움으로 똘똘 뭉쳐 있으며, 그것을 풀어내는 과정 또한 어찌나 능숙한지 마치 아무도 가본 적 없는 곳에 이원석 감독만이 이미 가 있는 느낌마저 준다.

## 3. 'B급 정서'로 비틀기, 새롭거나 혹은 낯설거나

　　필자는 언론시사회를 통해 〈킬링 로맨스〉를 관람했는데, 모든 사람이 좋아하는 영
화란 있을 수 없다는 이원석 감독의 언급대로 당시 극장 내 분위기는 극과 극이었다. 특

히, 영화 속 위기일발의 상황 가운데 절벽에서 타조가 훨훨 날아오르자 한쪽에서는 웃음소리가 터졌고, 바로 옆에서는 인내심의 한계를 느낀다는 듯 옅게 퍼지는 한숨소리가 들렸다. 누군가에게는 발칙한 상상력으로 읽혀 웃음을 유발한 장면이 또 다른 누군가에게는 현실성이 전혀 없는 황당무계함 그 자체였던 것으로 보인다. 물론 영화를 사실주의의 관점에서 바라본다면 〈킬링 로맨스〉의 서사는 현실에 대한 깊이 있는 고찰은 고사하고 한숨만 유발하는 작품일 것이다. 그러나 과연 모든 영화를 그러한 관점으로만 바라볼 필요가 있을까? 혹은 그렇게 하는 것은 과연 옳은 것인가? 이러한 반론을 제기할 수 있는 근거가 바로 형식주의 및 표현주의 등의 이론이며, 이것이 영화이론의 존재 이유이기도 하다. 영화를 하나의 구성물이자 표현의 결과물로 본다면 〈킬링 로맨스〉는 다채로운 해석이 가능한 것이다.

이와 관련하여, 들뢰즈(Deleuz, G.)는 문자로 기록된 철학은 향후 연극이나 영화로 대체될 것이라 한 바 있다. 당장 영상에 익숙한 나머지 문해력 저하를 우려하고 있는 다음세대만 떠올려 봐도 들뢰즈의 말은 일리가 있다. 여기서 들뢰즈가 언급한 철학이란 플라톤 이후의 모든 정신적 사유의 결과물을 뜻하는데, 그 장구한 세월에 걸쳐 형성된 개념과 사유의 철학을 무대 위나 영상 속의 극이 대체한다는 것은 영화의 본질에 관한 다양한 관점을 제공하기도 한다. 그렇다면 〈킬링 로맨스〉처럼 'B급 정서'를 전면에 내세운 작품들 또한 어떤 형태로든 철학적 사유가 가능해야 한다. 〈킬링 로맨스〉에는 동물과 소통하는 인간이 등장하고, 몸집에 비해 날개가 작아 진화론적으로 절대로 날 수 없는 타조가 하늘을 훨훨 날아다닌다. 이렇게 이 시대에 가장 과학적이고 보편적 지식이라 추앙받는 이론 따위는 거뜬히 깔아뭉개 버리는 〈킬링 로맨스〉, 그 문제의 이야기는 한 여배우의 일탈에서 시작한다.

톱스타 여래(이하늬)는 연기력 문제로 구설에 오르자 자신을 향한 비난일색의 현실을 벗어나고자 한다. 그렇게 남태평양의 콸라섬으로 떠난 여래는 조나단(이선균), 줄여서 존나(John Na)와 운명

적으로 조우하고 그와 결혼 후 새로운 인생을 꿈꾸며 은퇴를 선언한다. 한편, 범우(공명)는 S대 학벌 풍년인 집안에서 홀로 대입에 실패한 채 고군분투 중인 4수생이다. 범우가 다니는 재수생 학원의 수강생들 사이에서는 4수가 되면 동물과 소통이 가능한 경지에 이른다는 소문이 있는데, 알고 보니 범우가 그렇다. 그러던 어느 날, 한때 자신의 우상이었던 여래가 옆집에 이사 온 것을 알게 된 범우는 우연히 여래가 남편으로부터 폭행당하는 장면을 목격하고, 존 나의 인형 역할에 신물이 난 여래는 연예계 컴백을 위해 범우에게 도움을 요청한다. 이렇게 존 나를 상대로 여래와 범우의 '푹쉭확쿵', '슥컥훅' 아찔한 작당모의가 시작된다.

　　마치 영화 속에서 타조를 하늘로 날려버린 것처럼, 〈킬링 로맨스〉에 반영된 이원석만의 작가적 상상력에는 어설픈 현실 재현의 강박 따위는 존재하지 않는데, 그것은 우선 배우의 캐스팅을 통해 전면에서 드러난다. 즉, 세계적인 미인대회 입상자(여래로 분한 이하늬)와 미국 배우 조합상 수상자(존 나로 분한 이선균)라는 'A급 톱스타'에게 'B급 정서'를 덧씌운 시도 자체가 이 작품의 장르성을 대변한다. 특히, 이하늬는 그동안의 연기 커리어로 응축된 코믹 연기를 능청스럽게 펼쳐내는데, 영화 속에서 여래는 대중이 기대하는 스타 페르소나와 여래 본연의 과장되고 우스꽝스러움 사이에서 완급을 조절해야 하는 인물이다. 이를 스크린에서 관객들에게 펼쳐 보일 때는 한 인물의 상반된 캐릭터가 극중 상황과 서로 충돌하면서 즉, A급을 B급으로 비틀거나 그 반대인 순간 희극성이 유발되는데, 이하늬는 그러한 여래의 캐릭터성을 가히 대체불가급으로 완성한다.

　　이러한 〈킬링 로맨스〉만의 대담한 'B급 정서'는 '미녀배우 출신 아내의 재벌 남편 죽이기 프로젝트'라는 다소 진부하기는 하나 명백히 도발적인 스토리에 개연성을 부여한다. 덕분에 스토리 전개를 위해 기능적으로 동원된 범우라는 4수생 애니멀 커뮤니케이터와 영찬(배유람), 재수학원 여학생

(심달기) 등 범우 주변의 범상치 않은 인물들 그리고 배우 심달기의 목소리로 완성된 플라잉 타조 또한 작품 안에서 서사적 타당성을 얻게 된다. 그래서 사실주의를 표방하며 기존의 장르적 법칙을 답습하기 일쑤인 일부 상업 영화들보다 오히려 더 담백하고, 그 영화적 메시지는 명확하며, 결말은 통쾌하다. 무엇보다 주목해야 할 것은, 그러한 〈킬링 로맨스〉만의 'B급 정서'가 지닌 낯섦 자체가 이 작품의 태생적 문제인 서사적 진부함을 밀어내고 오히려 새롭다는 신선함을 선사한다는 것이다. 여기서 〈킬링 로맨스〉에서 활용된 미술 장치의 역할을 언급하지 않을 수 없겠다. 이 영화는 마치 영화 〈마틸다〉(대니 드비토, 1997)의 이동 도서관 버스에나 있을 법한 외국인 할머니가 읽어주는 동화로 시작하면서 작품의 비현실성을 전제한다. 그렇게 구축된 영화적 인상은 노포 이발소에나 걸려 있을 법한 국적 불문의 풍경화 같은 키치적 미장센과 함께 구전설화나 전래동화와 같은 초두효과를 더욱 견고히 한다.

## 4. 'B급 정서'의 환상성, 그 결과로 획득되는 핍진성

그렇다면 이렇게 치밀하게 구축된 〈킬링 로맨스〉의 세계관 안에서 나타나는 이야기는 그저 'B급 정서'로 무장한 환상일 뿐일까? 〈킬링 로맨스〉는 잘못된 리더십의 횡포와 그 끝을 이야기한다는 점에서 프랑스의 대표적인 표현주의 영화 〈델리카트슨 사람들〉(장-피에르 주네, 마르크 카로, 1992)과 서사적 연결고리가 형성되며, 계급과 욕망에 대한 이야기라는 점에서는 스페인의 〈커먼 웰스〉(알렉스 드 라 이글레시아, 2002)와 같은 작품들과 일맥상통한 면이 있다. 이러한 작품들은 모두 인간의 비뚤어진 욕망을 영화

적으로 시각화하고 그것을 재현했다는 점에서 의의가 있는데, 그러한 점에서 실존하는 현실을 'B급 정서'로 비틂으로써 '병맛 같은 현실'을 풍자하고 있는 〈킬링 로맨스〉의 의의 또한 찾을 수 있겠다. 결과적으로, 이렇게 〈킬링 로맨스〉는 코미디 영화의 장르적 미학 인 비틀기와 충돌을 거침없이 폭발시키며 관객들에게 현실 속에서는 불가능할 법한 짜릿 한 쾌감을 선사한다.

〈남자 사용 설명서〉에서 구축된 이원석만의 세계관은 〈상의원〉(2014)으로 잠시 방 향을 틀었으나 왠지 맞지 않은 옷을 입은 듯 이원석다움을 찾을 수 없었기에 아쉬움이 컸다. 그 사이 한국 영화는 세계 영화 시장에 커다란 족적을 남겼으나 그런들 뭘 하랴? 한국영화사가 100년이 넘도록 여전히 헐리우드의 〈록키 호러 픽쳐 쇼〉처럼 회자되는 괴 짜영화 하나 없는 판국에. 이는 영화의 만듦새나 작품성을 떠나 한국영화 시장의 다양성 을 여실히 드러내는 대목이기도 하다. 그래서 충무로의 천편일률적인 장르적 상상력에서 이미 저만치 벗어나 뚝심있게 제 갈 길을 가고 있는 〈킬링 로맨스〉의 이원석이 더욱 반 갑다. 무엇보다 영화가 좀 병맛이면 어떠랴? 그보다 더 말도 안 되는 일들이 신문의 정 치면, 사회면, 산업면 등을 늘상 채우고 있는 우리의 현실 사회 자체가 뒤죽박죽 병맛인 것을. 그렇게 본다면 오히려 〈킬링 로맨스〉는 그러한 병맛 현실을 더욱 사실적으로 드러 내고 있는 것이 아닐까?

# 〈드림팰리스〉 을들의 전쟁,
# 쓸쓸한 우리의 아파트

정민아 (성결대 영화영상학과 교수, 영화평론가)

## 아파트 공화국, 아파트 신드롬

〈드림팰리스〉에서 '꿈의 궁전'이라고 이름 지어진 아파트는 서민들에게는 진짜 인생의 꿈이다. 영혼까지 끌어모은다는 '영끌'로 아파트 한 채를 구입하면 남은 인생이 든든하다. 한국에서 부동산은 오랫동안 불패신화였다. 아파트는 대한민국 산업화와 도시화의 상징이다. 강남 개발이 본격화되던 1980년대와 신도시 건설이 이루어지던 1990년대를 지나고 21세기가 되자 주상복합 아파트, 대단지 아파트의 위세는 점점 커져만갔다.

폐쇄적인 단지문화로 인해 어느 아파트에 사는지에 따라 그 사람의 모든 것을 나타내는 것처럼 보인다.

2023년에 아파트가 소재이자 주제인 한국영화 두 편이 개봉했다. 〈드림팰리스〉와 〈콘크리트 유토피아〉, 독립영화와 고예산 주류영화로 제작 규모가 완전히 대비되지만 두 영화는 현재를 사는 우리 모두가 겪는 아파트의 비극을 생생하게 그려낸다. 놀랍게도 그간 한국영화는 아파트를 주제로 삼는 사례를 흔히 보여주지 않았다.

〈야행〉(1977)과 〈겨울여자〉(1977) 같은 작품에서 아파트는 아파트 생활자인 여주인공을 통해 현대인의 외로움과 소외를 드러내는 공간적 장치로 그려졌다. 또한 〈적도의 꽃〉(1983)에서 아파트가 감시와 로맨스를 표현하는 서스펜스적 세팅으로 기능하고, 〈소름〉(2001)에서 아파트는 인물들의 미스터리함과 미로처럼 얽힌 복도식 공간 구조를 연결하며 공포감을 상승시켰다. 〈플란다스의 개〉(2000)의 아파트는 비밀과 거짓말이 겹겹이 포개진 장소로서 한국 근대화의 부조리를 표현하는 훌륭한 미장센이다.

그러나 어떤 사람의 지위와 품격이 어느 동네에 위치한 아파트냐에 따라 그려지는

이 기형적이고 비극적인 세상에서 아파트 감수성 그 자체를 주제로 한 영화는 그리 많지 않았다. 재난영화 〈싱크홀〉(2021)이 어렵게 마련한 서울 자가에서 갑작스러 펼쳐진 재난으로 인한 공포를 보여주면서 부동산을 둘러싼 현상에 대해 많은 것을 담았다. 그러나 아파트를 향한 열망과 그로 인한 상처는 〈드림팰리스〉와 〈콘크리트 유토피아〉에서야 본격적으로 다루어진다.

〈모래〉(2011)와 〈버블 패밀리〉(2017) 같은 다큐멘터리는 상류층으로 올라서기 위해 강남 부동산을 부여잡고 있다가 열패감을 체험하게 된 서민 가족의 경험을 기록함으로써 부동산 신드롬의 현재를 보여줬다. 조금, 아니 매우 늦게, 1970년대 후반부터 시작된 강남 개발 이후 한국 극영화는 이제서야 진지하게 아파트 공화국과 아파트 감수성을 날카롭게 포착하고 있는 것 같다. 그만큼 지금이 바로 아파트로 인한 모순이 극에 달해서 폭발할 자경에 놓였기 때문일 것이다.

# 산업재해와 아파트, 대한민국의 민낯

　　그녀는 남편의 정의를 위해 싸웠다. 그리고 그녀는 엄마로서 살아남아야 했다. 이
두 가지 명제는 서로 대립한다. 정의로우면서도 살아남을 수가 없었다. 정의를 위해서는
죽기를 선택하던가, 살아남기 위해서는 불의에 타협하던가. 그녀, 혜정은 따옴표 '혜정'이
아니라 그냥 보통명사, 보통사람이다.

　　의문의 산업재해로 남편을 잃은 혜정(김선영 분)은 진상규명을 위해 2년간 농성 중
인 유가족들을 뒤로 하고, 사측으로부터 합의금을 받아서 고3 아들과 함께 새 아파트로
이사를 왔다. 드림팰리스, 그 '꿈의 궁전'은 남편의 목숨 값이다. 여기에는 남편의 목숨의
진실을 묻어버려야 한다는 원한 한숟갈, 동지들을 저버렸다는 죄책감 한숟갈, 그리고 아
들의 미래를 위해서라는 희망 한숟갈이 얹혀진다.

　　처음에는 미안했고, 그리고 부끄러웠고, 이내 뻔뻔해졌다. 싱글맘이 되어버린 그녀
를 시스템이, 사회가, 회사가, 연대감으로 뭉쳐진 유가족 모임이 구제할리 없다는 것을
알기 때문이다. 뻔뻔함을 견디면 새 아파트가 자가가 된다는 사실, 이 선택 앞에서 흔들
리지 않을자 누구인가.

　　그녀에게 드림팰리스는 그저 아파트 한 채가 아니라 삶의 온갖 감정이 더해진 그
어떤 총체다. 영화는 드림팰리스와 혜정 앞에 우리 사회가 수십년간 반복해왔던 비극의
장면들을 겹쳐놓는다. 산업재해, 국가적 재난 등을 겪은 이들이 싸우고 갈등했던 그 모
습을 민낯 그대로 펼쳐보이는 것이다. 싸우는 이들 앞에 누군가는 당근을 들고 유혹한다.
살아남은 이들은 어떻게든 살아야하지 않겠냐는, 생존과 생활의 협박 앞에 힘겨운 투쟁
은 무너져내렸고, 그렇게 을들은 뿔뿔히 흩어지는 운명을 반복해왔다.

5억원짜리 물건 이상으로 삶의 모든 것을 걸어버린 집이 하필 이사 첫날 녹물이 나오는 부실공사 아파트라는 사실로 인해 혜정은 허탈해진다. 혜정이 분양사무소를 찾아가자 소장은 미분양 문제가 해결되어야 아파트 전체 공사가 가능하다고 냉정하게 답변한다. 그리고는 솔깃할 한마디를 던진다. 분양자를 찾아오면 인센티브를 주겠다고.

아파트 건설사를 대리하는 분양사무소 소장도 월급쟁이 을임을 안다. 그러나 그의 싸늘한 얼굴은 대금을 다 받아챙기고도 AS에는 시큰둥한 건설업체 대표의 얼굴인 것처럼 미움이 솟구쳐온다. 절대로 갑일 수 없는 소장이 회사가 되어버려서 혜정은 그에게 항의하고 사정하는 것으로 문제해결에 나선다. 갑이 사라진 자리에서 을들은 책임자와 피해자로 나뉘어 의미 없는 말다툼을 한다. 유가족들이 수년 째 농성하고 소리쳐도 회사 인사부 직원들과 대면하는게 고작인 현실처럼 말이다.

혜정은 적극적으로 현수막과 전단을 뿌린다. 이렇게 아파트 미분양 문제가 하나의 플롯을 형성한다. 엄마와 달리 혜정의 아들은 유가족 농성장을 아직 떠나지 않았다. 어느 날 농성자 중 누군가 회사 사무실 창을 깨고 불을 낸 사건이 벌어지게 되고, 이 일로 혜정은 또 다른 유가족인 수인 (이윤지 분)과 재회한다. 혜정의 남편과 수인의 남편은 하청 직원인 다른 농성자들과 달리 원청 직원이었고, CCTV를 내놓지 않는 회사로부터 의문의 화재 사건의 원인자로 지목되어 동질감을 가져왔다. 그러나 혜정이 먼저 합의한 후 떠나자 둘은 갈라섰다. 자매에서 적이 되어버린 두 사람, 유가족 간의 갈등이 또 하나의 플롯을 구축한다.

## 끊임없는 교란작전 속에서 을들의 연대는 가능한가

아파트 플롯과 유가족 플롯은 혜정과 수인이 다시 관계를 가지게 되면서 하나로 모인다. 어린 아이들을 놓아두고 수감 생활까지 하면서 지칠 대로 지친 수인은 합의를 받아들이게 되고, 그 돈으로 꿈의 아파트에 파격 할인가로 들어가게 된 것이다. 혜정의 도움으로 이웃이 된 수인 앞에 모든 것이 해결된 것처럼 보였다. 영끌 후 아파트는 종착

점이고 해피엔딩인 서사, 그러나 그게 끝일리 없다.

자산 1억을 앉은 자리에서 날려버린 아파트 입주민들이 할인가격으로 들어온 새 이웃에게 전쟁을 선포한다. 수인에게 그들은 적처럼 보이지만, 초점을 그들에게 돌려보면 그들에게는 수인이 적이다. 그들은 먼저 분양받았다는 죄로 하루아침에 1억이 사라져버린 불행한 서민인 것이다. 입주민들은 전쟁에서 적들과 맞서는 것처럼 바리케이트와 장비를 들고 신입주민들을 가로막는다. 녹물로 고통받는 혜정이 떠넘긴 아파트를 덜컥 사버린 수인은 집도 절도 없는 신세가 되었고, 그녀의 분노는 입주민들도, 건설사도 아닌 혜정에게로 오롯이 향한다.

영화의 절정은 낡은 빌라 창을 앞에 두고 어두운 달밤에 마주한 혜정과 수인의 설왕설래이다. 혜정은 "내가 잘 할게"를 반복하고, 수인은 "내 앞에서 꺼져달라"고 단호하게 속삭인다. 한 여자는 오열하고, 한 여자는 감정을 꾹꾹 눌러서 정확하게 전달한다. 과거 혜정의 아들을 대신해서 감방생활을 했던 수인 앞에 선 혜정이 마치 감옥에 갇힌 듯한 미장센이 펼쳐진다. 언제나 착했던 수인과 조금은 영악한 혜정을 갈라놓은 진짜 설계자는 사라지고, 을들은 서로를 원망한다.

영화는 가성문 감독의 데뷔작으로 그는 2014년에 있었던 인천의 한 미분양 아파트에서 일어난 분신 사건을 기반으로 시나리오를 썼다고 한다. 미분양 물량을 줄이기 위해 할인 분양을 시행하는 건설사 일은 신도시 곳곳에서 흔히 봐왔던 일이다. 산업재해뿐만 아니라 세월호, 이태원 등등 많은 이들이 희생된 사회적 참사에서 진상 규명과 책임자 소재를 두고 고통 받는 유가족들의 현실도 익숙한 이야기이다. 서로 다르지만 비슷한 것은, 이러한 사건들에 직접 책임을 져야 할 사람들의 얼굴은 보이지 않고, 얼굴을 맞댄 을들이 갈등을 빚는다는 점이다.

혜정이 나쁜 사람일 리가 없다. 그녀는 살기 위해 어쩔 수 없이 조금씩 타협하고 눈을 감을 때도 있다. 남들보다 더 빨리 움직이고 조금 더 이기적일 뿐이다. 수인은 옳지만 최선을 다했는지는 모르겠다. 그녀가 대의와 신념을 위할 때 자신의 아이들은 무너지고 있었다. 불행한 아이들의 미래에 희망이 있을 것이라고 대책 없이 낙관할 수는 없다.

영화 내내 계속해서 밀려오는 꼬리를 무는 갈등으로 폭발해 버릴만도 한데, 혜정은 누웠다가 다시 일어선다. 대신 꼭꼭 눌러버린 감정의 소용돌이는 어디엔가 자리를 잡고 있을 것이다. 같은 듯 다른 두 여성들의 생존 투쟁이 보는 이의 가슴을 깊이 후벼판다. 영화는 엄청나게 자제심을 발휘하지만 보는 이의 가슴을 들끓게 하며 만만치 않은 여운을 남긴다.

## 자본주의의 괴물성, 이러다 다 죽어

이 영화가 보여주는 사건사고들은 그곳에만 해당되지 않아서 다양한 층위의 감정을 깨닫게 한다. 가지지 못해서 서러운데, 더 가지지 못한 자가 있고, 서로를 끌어내려야 올라갈 수 있는가 하면, 설계자가 누군지 몰라 이웃을 적으로 돌리고, 변명은 통하지 않아 한번 악마가 되면 그걸로 끝인 처참한 자본주의의 괴물성을 마주한다.

영화에는 현실감 넘치는 캐릭터들로 가득하다. 그들의 전사와 후기가 서브텍스트를 풍성하게 한다. 유가족이라는 공통분모 안에서 자매애를 발휘했다가 아파트를 둘러싸고 적이 되어 버린 두 여성 뿐만 아니라, 아파트 입주민들, 산업재해 유가족들, 자녀들, 분양사무소 소장, 떡을 들고 찾아온 이웃 등 리얼리티가 살아있는 인물들의 향연 속에서 우리 자신을 발견하게 된다.

이 대단한 데뷔작과 열연한 연기자에게 영평상이라는 보상이 주어졌다. 2023년 영평상 감독상(가성문)과 여우조연상(이윤지)이 암흑기로 가고 있는 극장가 현실에서 독립영화의 가치를 다시 한번 환기해주길 바란다.

젊은 세대의 시각에서 사회가 왜 이 모양 밖에 되지 않는지 예리하게 짚어내는 훌륭한 사회학 보고서 같은 영화. 많은 인물들이 나오고, 그들은 이웃이었다가 악당인가 하면 또 다시 자리를 바꾼다. 우리 을들은 왜 자꾸만 갈라지는가. 우리의 잘못도 아닌데 말이다.

〈콘크리트 유토피아〉에는 온 세상을 집어삼킨 지진으로 모든 것이 무너지고 '황궁 아파트'만이 건재하다. 옆동네 부자 아파트 단지 '드림팰리스'의 사람들은 황궁아파트로

몰려와 예전의 오만했던 모습에서 비굴하게 바뀐다. '황궁아파트에는 주민만이 살수 있다'는 수칙에는 그간 오랜 시간 받아왔던 핍박의 흔적이 있다. 평소에 드림팰리스에 접근하지 못했던 황궁아파트 주민은 똑같이 되돌려준다. 분리하고 배제하고 폐쇄해 온 결과는 대재앙이다. 비슷한 시기에 개봉한 〈드림팰리스〉와 〈콘크리트 유토피아〉에 똑같은 아파트 단지 이름 '드림팰리스'가 등장하는 것은 우연치고는 절묘하다.

"이러다 다 죽어!" 우리 모두는 오징어 게임에 참여하고 있고, 소수만이 살아남아 돈을 획득하는 잔인한 생존게임을 끊어버릴 자는 아파트 주민들, 을들일텐데, 알면서도 벗어나지 못하는 자본주의 정글이다. 그 한복판을 생생하게 증언하는 〈드림팰리스〉의 마지막 평화가 진짜 평화가 아니라서 섬뜩하고 불안하다. 이 리얼리즘 문제작이 전하는 경고에 귀를 기울여야 할 때이다.

# 글쓰기와 고해성사 그 안의 가족
## - 영화 〈비밀의 언덕〉(2023)

**지승학 (영화평론가)**

## 1. 아이의 서사, 어른의 서사

아이의 눈에 비친 세상을 동화처럼 묘사하는 것과 아이의 세상을 현실의 차원에서 더 깊이 바라보는 것 사이에는 필연적인 관계가 없다. 현실의 차원은 어른의 세계만을 의미하는 것이며 아이의 세상은 현실과 삶의 이상적인 모습만 자리 잡고 있어야 한다는 강박관념 비슷한 생각 때문이다. 하지만 영화의 경우, 이런 경계를 끝까지 유지할 필요는 없다. 다만 두 세계를 균형감 있게 저울질해 나가는 세심한 연출력과 영화 캐릭터를 자전(自傳)적 (왜 90년대 중후반의 초등학교가 배경일까를 생각해 보았을 때 내린 잠정적 결론) 차원에서 보듬으려는 마음이 잘 우러난다면 오히려 감동적인 서사의 완성으로 귀결될 수도 있다. 아이의 성장기에서 우리 삶의 진실뿐만 아니라 그 안에서 비집고 나오는 나와 가족, 비밀과 솔직함 사이의 불편한 마음을 거짓 없이 건드린다면 그것은 영화가 할 수 있는 거의 모든 것을 아우르고 있는 것이라고 말할 수 있어서다.

### 1.1. 거짓과 솔직함의 목적

이지은 감독의 영화 〈비밀의 언덕〉(2023)에서는 명은(문승아)이가 왜 글쓰기를 좋아하는지 짐작 가는 상황은 곳곳에 남아있다. 남에게 말하기 힘든 뭔가를 일기장이든 편지든 자연스럽게 써 내려간 것이라면, 그 나름의 설득력도 있다. 게다가 그것이 가족을 향한 솔직한 마음과 관련이 있다면 더더욱 이해하기 쉽다. 그러므로 이 영화에서 주목해야 할 것은 글쓰기를 통해서 '가족을 향한 명은이의 마음이 어떻게 변해가게 되는가?'라고 말할 수 있다. 그 속에서 명은이는 글쓰기가 전제하는 거짓과 솔직함의 의미를 조금씩 깨닫게 되는데 사실상 그것이 이 영화의 서사 행로를 결정한다. 요컨대 이 영화는 명은이가 글쓰기를 통해 감추고 싶은 것과 보여주고 싶은 것 사이에서 어떤 '선택'을 하는지 그것을 지켜보게 한다. 이 영화에서는 명은이가 감추려는 비밀이 무엇인지 보여주는 데 꽤 긴 분량을 할애한다. 그 비밀이란 가족과 관련이 있는 것이다. 명은이의 엄마는 소위 억척스러운 사람이다. 젓갈 장사를 한다는 설정과 친정 식구들에게 "연을 끊고 살자"고 말하는 상황이 이를 더욱 부추긴다. 그에 반해 아빠는 무기력해 보이며 게을러 보이기까지 한다. 명은이의 가정환경 조사서에 자리 잡은 직업란에 아빠의 직업이 거짓으로 기입되는 이유도 거기에서 연유하며, 가짜 아빠를 내세우게 되는 이유도 여기에서 비롯한다. 명은이에게 가족은 모두 감추고 싶은 비밀이다.

## 1.2. 솔직함이 가져오는 한계

가족에 대한 명은이의 거의 모든 거짓말은 대체로 부모의 직업을 감추기 위해 자행된다. 거기에 '돈이 많이 드는' 반장을 맡게 되면서부터 실천력을 앞세우는 상상력이 가미된다. 그러다가 그 상상력은 어느새 솔직함으로 도약한다. 이 극적인 과정은 모두 명은이의 글쓰기 방향과 같은 길을 걷는다. 그렇다고 해서 명은이가 불량한 아이라거나

비뚤어진 성격의 소유자라고 할 수는 없다. 부모의 성향과 환경이 명은이의 글쓰기 방향에 큰 영향을 준 것은 사실이지만, 그 도약을 어떤 충고나 조언 없이 거의 스스로 해냈기 때문이다. 마침 명은이는 새로 전학 온 쌍둥이(로 알고 있었던) 친구(혜진이와 하얀이)로부터 더 좋은 글짓기의 비결은 솔직함이란 걸 듣게 된 터다. 그래서 자기 얘기를 솔직하게 쓴 글은 짜깁기한 글짓기를 이길지 모른다는 믿음을 갖기 시작했고 이 믿음은 곧바로 글짓기 대상 수상으로 이어진다. 하지만 명은이는 글짓기의 수단으로 솔직함의 힘이 얼마나 유용한지는 알게 되었지만, 그 솔직함만으로는 마음속의 비밀들을 어찌지 못한다는 사실 또한 깨닫는다.

## 2. 비밀을 위한 글쓰기의 조건

여기에서 다시 한번 강조하고 싶은 것은 그 깨달음을 명은이가 스스로 터득했다는 거다. 덕분에 명은이는 대상을 받을 만큼 빼어난 글을 쓰고도 그 상을 스스로 포기할 줄 알게 된다. 가족을 정말 싫어하는 마음을 비밀이 영역에서 솔직함이 영역으로 빼냈다가 그로 인해 불편해지는 마음을, 그 원인을 스스로 자문자답할 수 있게 된 것이다. 그 후 명은이는 제출한 원고지를 돌려받은 후 땅에 묻어 비밀의 언덕을 하나 만들게 된다. 사 실 명은이에게 있어서 솔직하게 글을 쓰는 과정은 곧 비밀의 의미를 깨닫는 일과 다르지 않다. 그래서 나는 명은이가 가족을 거짓말로 감추려다가 비밀을 이해했다기보다 가족을 솔직하게 말하려다가 비밀의 속성을 깨닫게 된 것이라고 이해하고 싶어진다. 왜냐하면, 그 비밀은 가족을 향한 싫은 마음에서 찾을 수 있게 되기도 하고 잘 보이고 싶은 담임선

생님에게서 찾게 되기도 하고, 비밀 편지함에서 빼돌린 친구의 메모에서도 찾게 되기도 하지만 결국 가족을 향한 알 수 없는 마음에서 찾게 되기 때문이다. 명은이의 거짓말들과 비밀들은 그렇게 솔직한 글쓰기를 통해 한겹 한겹 드러난다.

### 2.1. 비밀을 유발하는 양가감정

명은이의 비밀 글쓰기는 두 명에게 보낸 편지에서부터 시작된다. 첫 번째 상대자는 영화 첫 장면에서 보여주듯 명은이가 잘 보이고 싶어서 쓰게 된 편지의 주인, 김애란 선생님(임선우)이다. 그래서 반장을 마다하지 않았다. 반장이 되려면 우선 가장 강력한 경쟁자부터 이겨야 한다. 그런데 그 아이는 명은이가 보기에 모든 것이 이상적이다. 가정 환경에서부터 부모의 모습까지. 그러다 보니 창피한 엄마 아빠의 직업은 더욱 철저하게 감춰야 한다. 두 번째 상대자는 돌아가신 할머니다. 할머니는 거짓말에 대한 용서를 비는 대상으로 등장하지만, 엄마, 아빠, 오빠, 외할아버지, 삼촌에 대한 속마음을 솔직

하게 털어놓는 대상이 되기도 한다. 가족으로부터 시작된 거짓말은 할머니에 이르러 솔직함으로 귀결된다. 하지만, 그 비밀 글쓰기는 곧 우리가 가지고 있는 가족에 대한 양가감정(兩價感情, ambivalence)으로 옮겨 간다. 그것은 흔히 가족을 향한 사랑과 증오의 동시적(同時的) 감정으로 읽힐 수 있으나 여기서는 싫어하는 마음과 불편한 마음의 동시성으로 나타난다. "명은이는 가족을 정말 사랑하는구나!"라는 선생님의 감탄 어린 질문에 명은이는 "우리 가족 같은 사람들 정말 싫어요."라고 답한 후 "근데 마음이 정말 불편해요."라고 말하기 때문이다.

### 2.2. 글쓰기와 글짓기

그럼에도 불구하고, 명은이가 알아차린 가족이라는 존재는 받고 싶은 상을 포기해서라도 반드시 그 비밀들을 지켜주어야 하는 사람들이었다. 그래서 두 마음(정말 싫은 마음과 불편한 마음)은 증오하는 마음이라고 보기 힘들다. 그렇다고 사랑하는 마음이라고 하기도 어렵다. 하지만 그 마음은 모두 솔직함으로부터 파생되었다는 공통점을 가지고 있다. 이를 알고 나면, 명은이의 '글쓰기'와 '글짓기'의 차이를 이해할 수 있게 된다.

명은이가 대상 받은 글을 공개하고 싶지 않다고 말하자 담임선생님은 남의 글을 베끼거나 글을 대신 써준 거냐고 묻는다. 글짓기라면 이 질문은 합당한 의문일 것이다. 하지만 베꼈거나 대필을 해주었다는 것은 명은이가 비밀을 털어놓은 글, 즉 솔직한 글쓰기에서는 그 어떤 혐의점도 될 수 없다. 게다가 솔직함의 맹세는 돌아가신 할머니에게 하지 않았나. 그래서 차이는 이렇게 정리할 수 있다. 명은이의 글짓기는 가짜가 될 수 있지만 글쓰기는 가짜가 될 순 없다고. 그렇게 명은이의 글쓰기는 가짜가 아닌 진실이 되어 지켜내야 할 마음속 비밀이 된다.

## 3. 진짜 가족이란 '물음표'

### 3.1. 글쓰기와 고해성사

이게 다가 아니다. 기어이 비밀 우체통을 거쳐 담임선생님에게 전달된 명은이의 메시지에는 "제 솔직한 마음 때문에 가족이 상처 받을까봐 겁나요..."라는 말이 쓰여 있었다. 어렵게 꺼낸 명은이의 고해성사와 같은 이 말은 솔직한 마음이란 무엇인지 되묻게 만든다. 애초 영화의 도입부에서부터 이미 명은이가 들려줄 이야기는 손가락에 굳은살이 생길 만큼 열심히 써야 하는 글쓰기에 관한 거였다. 그런데 명은이의 글쓰기는 "손녀로부터 온 편지"라는 제목을 달고 나서부터 명은이의 목소리를 동반하기 시작한다. 말하자면 명은이는 자기 글을 읽는 마음속 목소리로 고해성사를 시작한 것이다. 고해성사란 자기로부터 시작해서 자기에게로 돌아오는 목소리로써 자문자답할 수 있는 능력을 의미한다. 신과의 관계 설정이라는 측면에서 보면 종교적이라고 할 수 있지만, 여기에서는 돌아가신 할머니와의 관계를 설정한 것이므로 자연스럽게 솔직해질 수밖에 없는 또 다른 윤리적 이야기가 된다. '비밀 우체통'이 은유하는 것과 대상 수상 후 그 상을 포기하기 위해 찾은 '공중전화부스'의 모습이 고해성사 장소와 묘하게 중첩되어 보이는 것도 그런 연유에서다.

### 3.2. 비밀의 의미

여기서 또다시 중요해지는 것은 명은이의 글과 목소리가 왜 고해성사로 비치는가이다. 모르긴 해도 그것은 절대적으로 지켜져야 한다는 것(가족의 비밀)과 절대적으로 공개되어야 한다는 것(가족의 비밀을 쓴 대상 수상의 글)끼리 서로 충돌하기 때문일 것이다. 고해성사는 늘 저 두 가지가 대립한다. 절대적으로 지켜져야 하는 비밀은 절대적으

로 공개되어야 한다는 사실 앞에서 항상 위태로운 위기를 맞는다. 명은이는 이 상황이 어떤 결과를 초래할지 직감적으로 깨닫는다. 그 결과란 다름 아닌 '가족이 받을 상처'다. 그렇다면 그런 상황에서 명은이는 어떤 선택을 하게 되는가? 신기하게도 명은이는 상을 선택하지 않고 가족을 선택한다. 그 상은 잘 보이고 싶은 담임선생님에게 인정받을 수도 있고, 학교 전체의 자랑이 될 수도 있는 그런 상이었다. 명은이는 자기가 누릴 수 있는 모든 명예를 포기하고 가족을 선택한 것이다. 그러므로 명은이가 자기 비밀을 지키려 상을 포기한 것은 이른바 가족을 지키려 위험을 무릅쓴 지극히 용기 있는 결단이라고 해야 한다. 게다가 이는 가족을 정말 싫어하는 마음의 비밀, 가족이 상처받을까 봐 겁나는 마음의 비밀 중 어느 것 하나도 희생시키지 않는다. '비밀'이기 때문에 지킨 것이 아니라 지켰기 때문에 비밀일 수 있으니까 말이다.

## 4. 비밀의 언덕에서 바라보는 가족

가족의 비밀을 지켜낸 명은이의 선택은 자신의 가족을 자신의 글쓰기로 재서술하는 행위와 관련이 깊다. 명은이가 재서술한 가족의 이야기는 명은이에 의해서 물음표라고 확정된다. 그 덕분에 명은이는 그 안에서 가족 이야기를 때로는 글짓기로(거짓으로) 때로는 글쓰기로(솔직함으로) 표현할 수 있었다. 그중에서 "손녀로부터 온 편지"는 바로 솔직함의 글쓰기다. 명은이가 정말 싫어하는 가족의 모습들을 등장시킨 그 이야기는, 이 영화를 통해, 우리 개개인이 기억하고 경험하고 있는 가족의 양가감정을 어떻게든 이해하려고 노력하는 한 인간의 솔직한 모습을 엿볼 수 있게 한다. 영화 마지막, 글짓기 수상

소식을 듣고 짓는 엷은 엄마의 미소를 명은이가 알아차린 것은 그 이해의 노력이 성공해가고 있다는 방증이다. 가족에 대한 글쓰기 그리고 고해성사 그 속에서 명은이는 그렇게 가족의 가치를, 가족이라는 이름의 의미를 조금도 추락시키지 않는다. 그래. 우리 모두 그 가치와 의미를 추락시키지 않으려 한다. 어쩌면 명은이는 이런 인간적인 감정을 솔직하게 드러내고 있었던 것은 아닐까. 이 영화는 나와 가족, 비밀과 솔직함 사이를 오가는 그 과정을 차분하고 단아하게 나의 이야기(누구에게나 자전적 이야기)인 양 바라보게 한다. 이 영화의 가치와 작품성은 가족을 바라보는 바로 그런 시선에 있다.

# 아득하고 흐릿한 시간을 여행하는 거장의 자취, 〈물안에서〉

강선형 (영화평론가)

## 과거를 여행한다는 것

홍상수 감독의 스물아홉 번째 장편영화 〈물안에서〉는 61분 동안 진행되는 영화 전체를 아웃포커스로 촬영하는 형식적 실험으로 주목받았다. 홍상수 감독은 〈도망친 여자〉이후 촬영 순으로는 〈당신얼굴 앞에서〉부터, 개봉 순으로는 〈인트로덕션〉부터 촬영과 편집을 모두 자기 손으로 하기 시작했는데, 〈물안에서〉에 이르러 실험이 이루어지게 된 것이다. 홍상수 감독은 자신의 실험에 대해 그저 '선명한 이미지에 신물이 났다'고 말했는데, 이 말은 단편적으로 받아들이기에는 그의 영화에 대한 태도에 대해 모든 것을 말해

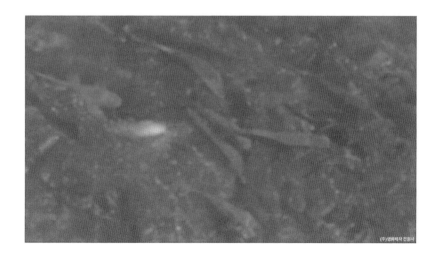

(주)영화제작 전원사

주기도 하는 말이다. 홍상수 감독은 늘 삶을 파편적으로 남겨두고 그에 대해서 확실하고 선명하고 총체적으로 알 수 있다고 말하는 것을 경계하는 사람이며, 영화는 삶이라는 것이 우리가 만들어 내는 관념들로 환원되지 않는다는 것을 보여주는, 그에게는 유일한 도구이다. 그렇다면 그는 이제 계속 선명한 이미지들을 버릴 것인가? 그렇지는 않다. 홍상수 감독은 그의 서른 번째 영화 〈우리의 하루〉에서 다시 이러한 실험을 거둬들인다. 그에게 이 실험은 〈물안에서〉에서 꼭 필요했던 실험이고, 우리는 단순히 '선명한 이미지에 신물이 난' 그의 실험에만 주목할 것이 아니라, 왜 그가 꼭 〈물안에서〉와 함께 실험해야 했을까를 생각해 보아야 할 것이다.

프루스트는 아무리 돌이켜보려 해도 되살아나지지 않는 과거의 시간에 대해 이렇게 이야기한다. "나는 지금 기억 속에서 다른 '스냅 사진', 특히 베니스에서 찍었던 몇 가지 스냅 사진을 꺼내보려 하고 있지만, 베니스라는 낱말이 머리에 떠오르기만 하여도 내 기억은 사진 전람회처럼 권태로운 것이 되고 말아, 이미 아무런 흥미도 아무런 재능도 느낄 수 없었다."[1] 아무리 과거에 찍은 사진을 들여다보아도 사진의 선명함이 우리의 기억을 지배해 버려서 과거의 그 풍부했던 시간들은 도무지 찾아와 주지 않는다. 그러나 사진첩을 덮고 가만히 눈을 감으면 어디선가 불어오는 바닷가 냄새가 베니스로 데려다줄지 모른다. 과거는 그렇게 문득 아주 생경하게 찾아온다.

〈물안에서〉는 홍상수 감독이 그의 유년기 어딘가를 헤매고 있는 것 같은 작품이다. 〈물안에서〉는 어쩌면 '명예'라는 추상적인 성취를 위해, 어쩌면 나의 창조성을 확인하기 위해, 아르바이트한 돈 전부를 들여 찍어보지 않을 수 없는 그런 청년의 이야기이니 말이다. 그러니까 홍상수는 자신의 과거를 자기 앞에, 그리고 관객 앞에 세워보고 있다. 그러므로 그 과거는 프루스트가 말하듯이 선명할수록 권태로운 것이 되어버릴 것이다. 아웃포커스 기법으로 〈물안에서〉를 찍었어야 했던 이유는 여기에 있다. 풍부한 광채를 지닌 유년기는 아득하고 흐릿하게 보일 때 그 광채를 잃지 않을 수 있는 것이다. 그리고 아득하고 흐릿한 시간을 여행하는 거장의 자취를 따라가 보는 일보다 중요한 것이 있을까? 〈물안에서〉는 그 형식적 실험 자체보다 홍상수라는 감독과 그의 영화에 대해 더 많은 것을 사유하게 해준다는 점에서 그의 필모그래피 가운데 매우 중요한 작품이다.

## 흐릿하고 아득한 젊음

물 안을 들여다보는 것 같은 영화의 흐릿함은 영화 내적으로는 더 여러 층위에서 의미를 갖게 된다. 아득하고 흐릿한 제주도 어딘가에서 영화를 찍기로 결심하는 승모(신

---

1) M. Proust, *À la recherche du temps perdu*, Paris: Gallimard, Pléiade, 1954, 865.

석호)와, 그를 돕기 위해 내려온 상국(하성국)과 남희(김승윤)가 막연함 속에서 견뎌내는 시간을 드러내기도 하기 때문이다. 그들에게 현실은 너무 선명하고 그들이 찍어야 하는 영화는 너무 흐릿하다. 하루하루 피자부터 샌드위치까지 메뉴를 정하는 일은 쉴 새 없이 찾아오고, 그것은 꼬박꼬박 돈이 드는 일이며, 그럴

수록 영화는 수면 아래로 침잠한다. 그래서 무언가 손에 잡힐 듯 잡히지 않아 머뭇거리며 제주도에서 1년 정도 살 수 없을지 자꾸만 결정을 유예하는 승모의 마음도, 그런 승모를 옆에 두고 하릴없이 어쩌면 설렘일 수도 있는 시간들을 흘려보내는 상국과 남희의 마음도 모두 갈팡질팡하고 있다. 바람이 많이 부는 제주도라서 그럴지도 모르겠다. 또는 우리 인생이 모두 흐릿한 물 안에서 바깥을 혹은 물 밖에서 깊은 물 속을 바라보는 것이라고 할 수도 있을 것이다. 과거도, 미래도, 어느 하나 선명한 것은 없기에 말이다. 그렇지만 우리는 늘 흐릿함 속에서 나아간다. 승모가 꿋꿋이 나아가는 것처럼 말이다. 그리고 그렇기 때문에 우리가 가만히 들여다보는 시간들은 그 광채를 잃지 않는다. 흐릿한 가운데 나아가고 나아가는 삶. 때로는 선명한 빛이 우리를 이끌어 주고 있다고 생각하기도 하고, 그 빛이 그저 반사광이었음을 알게 되기도 하고, 캄캄한 어둠 속으로 침잠하고 있다고 생각하기도 하면서도 젊음은 헤엄쳐 나아가고 있는 것이다. 그렇다. 승모는 나아간다. 그가 표현하려고 했던 것들이 다 표현될 수 있을지 모르겠지만, 그래서 영화라는 결과물은 여전히 흐릿하지만, 그럼에도 불구하고 나아간다.

# 승모의 영화, 그리고 홍상수의 영화

시작되지 않을 것만 같던, 그리고 하릴없이 이어질 것 같던 승모의 영화 만들기는 조금씩 형상을 얻는다. 어디에서 그것은 얻어졌을까? 승모는 자기 영화의 배경음악으로 쓰기 위해 자신이 선물했던 음악을 가지고 있는 선배(김민희)에게 전화를 건다. 자신이 만든 음악이니 굳이 허락받지 않아도 되겠지만 전화를 거는 건 영화를 만드는 자신의 마음과 음악을 만들었던 자신의 마음이 닮았기 때문일 것이다. 홍상수 감독이 〈물안에서〉를 위해 과거를 흐릿하게 들여다보듯 승모 역시 과거를 반추하며 헤맨다. 승모는 자신의 영화 속 바닷속으로 하염없이 걸어 들어가는 주인공의 마음을 상국과 남희에게 설명하는데, '원하지 않는데 태어났고, 그런데 애써야 한다고, 잘해야 한다고들 한다'는 것이다. '한 번 밖에 살 수 없는 인생인데 왜 이렇게 힘들게만 살아야 하는지 그 이유를 모르겠다.' 그 마음이 과거에 선배에게 전달되었던 적 있다면, 어쩌면 그녀와의 기억이 승모를 영화 만들기로 이끄는지도 모르겠다. 죽고 싶었던 그 마음, 그리고 사랑에서 구원을 찾았던 그 마음. 그러나 이것이 전부일까?

어디에서 영화의 형상은 얻어졌을까? 더 직접적인 계기로 보이는 건 바닷가에서 쓰레기를 줍고 있는 여자(김소령)를 만난 일이다. 승모는 제주도 관광객들이 줄지어 걸어 다니는 언덕 아래에서 쓰레기를 줍고 있는 여자에게 다가간다. 왜 쓰레기를 줍고 있느냐고 묻는 승모에게 여자는 자신은 그저 동네 주민이며, 쓰레기가 많아서 치울 뿐이라고 대답한다. 이 장면은 그대로 승모의 영화 한 장면이 된다. 그렇지만 그 장면은 새로운 의

미로 태어난다. 승모가 삶에서, 그리고 홍상수 감독이 삶에서 평생 찾아다닌 구원의 장면이 된다. 과거에 음악을 선물했던 선배처럼 그가 끊임없이 찾아다니던 구원, 그렇지만 매몰차게 떠나버리는 구원.

## 캄캄한 어둠 속에서 빛나는 영화

승모는 쓰레기를 줍는 여자에게 말을 걸고는 바닷속으로 걸어 들어간다. 승모의 영화에서 쓰레기를 줍는 여자는 남희가 연기하고, 상국은 바닷속으로 들어가는 승모를 찍는다. 승모가 찍고 싶은 것이 무엇인지 남희도, 상국도 잘 알 수 없다. 그래서 승모는 상국과 남희에게 자기가 하려는 이야기를 설명한다. 그리고 관객들 역시 그제야 그가 하고자 하는 영화가 무엇인지 듣게 된다. 단지 쓰레기 줍는 여자가 인상적이어서 그것을 담아내 보려 하는 것이 전부는 아니다.

승모는 그들이 촬영하고 있는 바로 그 장소를 설명한다. 땅 위에는 삶의 미혹에 빠진 사람들이 있고, 절벽 밑에는 땅 위에서 흘러내리는 부산물들을 치우는 여자가 있다. 이리저리 바쁘게 관광하고 있는 사람들이 눈에 보이는 아름다움들과 삶이라는 여행에서 중요하다고 말해지는 것들을 쫓고 있다면, 관광객들의 미혹의 세계 아래에서 부산물들을 묵묵히 치우고 있는 여자는 다른 것을 보고 있는 것이다. 그 여자는 무엇을 보고 있을까? 무엇을 볼 수 있을까? 자신의 영화에서 승모를 연기하는 승모는 그 여자를 따라다닌다. 더 이상 땅 위로 가고 싶지 않아지고, 여자가 귀찮아할 수도 있지만 여자와 같이 있으면 미혹을 쫓는 삶으로부터 멀어져도 괜찮을 것 같기 때문일 것이다. 그렇지만 그 여자는 처음에는 잘 대해주고 평범하게 대하다가 승모를 점점 멀리하고 나중에는 쌀쌀맞게 대한다. 혼자 남겨진 승모는 사라지는 여자를 보고 있을 수밖에 없고, 그러고 나서도 미혹의 세계로 다시 올라가고 싶지는 않아서 서성이다 바다를 향한다.

우리는 이 막연하지만, 이야기를 들은 남희가 말하는 것처럼 '말이 되는' 승모의 영화의 아마도 처음과 마지막이 될 장면을 촬영하는 모습을 본다. 그리고 마지막 바다를 향하는 승모의 뒷모습은 흐릿하게 반짝거리는 물결만큼 아름답다. 마치 〈베니스에서의 죽음〉의 마지막 장면처럼 슬프면서도 아름다운 순간이다. 승모의 영화는 과거 죽음을 생각했던 자신과, 그로 인해 생겨난 노래를 아마도 중요한 사람이었을 누구에게 선물했던 또 다른 과거의 자신이, 제주도에서 절벽 아래를 하염없이 바라보며 쓰레기를 줍는 여자를 발견한 현재의 자신과 만나면서 만들어진다. 흐릿함 속에서 막연하게 떠올려 보는 과거가 놀라운 현재와 만나고, 그것은 미래의 영화가 된다. 영화는 흐릿한 것을 들여다보며 선명해지는 무언가를 발견하는 여정인 것이다.

## 영화라는 구원

승모의 영화의 이야기를 듣다 보면 홍상수 감독의 영화들의 원형이 모두 여기에 있음을 느낄 수 있다. 사람들이 미혹의 종착지를 향해 걸을 때 그보다 뒤처져서 혹은 해 방되어서 다른 길로 걷는 주인공, 그리고 그런 주인공이 구원처럼 쫓는 여자, 주인공이 덧씌우는 구원의 프레임으로부터 (그것은 처음부터 프레임에 불과하기 때문에) 매몰차게 돌아서는 여자, 그리고 남은 주인공의 종착지를 잃은 방황과 서성임. 그래서 승모가 과 거라는 시간의 파편들을 막연함 속에서 현재라는 시간의 파편들과 마주치게 하는 것처 럼, 〈물안에서〉는 홍상수 감독이 그렇게 하는 영화라는 것을 알 수 있다. 그렇기 때문에 처음부터 영화는 아웃포커스로 촬영되어야만 했던 것이다.

영화라는 작업은 막연하고 흐릿한 것들이 선명해지는 작업이지만 결코 완전히 선 명해질 수는 없다. 더 선명하게 인과관계와 사건의 연쇄를 짜내면 짜낼수록, 그래서 더 잘 이해되고 더 투명하게 감정을 전달할 수 있게 만들수록, 프루스트가 말한 것처럼 풍 부함을 잃어버릴 뿐이다. 진실의 세계는 선명하지 않고, 선명한 건 미혹의 세계뿐이다. 미혹으로 가득한 선명한 세계에 흐릿한 영화는 그렇기 때문에 선명한 세계에 균열을 가 할 수 있다. 세계도, 영화도, 결코 선명하지 않다. 그것을 드러내는 것이 오히려 진실에 가깝다. 영화는 미혹과 환상을 위해 있는 것이 아니라 진실을 위해 있다.

승모의 영화 속에서 승모는 다시 미혹의 세계로 돌아갈 수 없어 바닷속으로 걸어 들어가기를 택한다. 그러나 그 영화를 찍는 승모는, 그러니까 그가 하려고 했던 이 이야 기처럼 온갖 미혹들로 둘러싸인 현실 세계에서 늘 진실의 세계로 건너가기를 바랐던 승모는, 영화라는 세계에 머물며 미혹의 세계로 돌아가지 않을 수 있게 되었다고 말할 수 있을 것이다. 그러니까 진정한 구원은 영화다. 미혹의 세계에서, 또 혼자 남겨진 세계에서 그의 삶을 구원할 수 있는 것은 영화밖에 없는 것이다. 그리고 영화는 정말로 그를 구원한다. 쇼펜하우어가 이야기하는 마야의 베일처럼 미혹의 세계는 늘 우리를 붙들고 놓아주지 않지만, 영화와 함께 승모는, 그리고 홍상수 감독은 수면 아래로, 또 수면 위로 올라갈 수 있다. 죽음 앞에서 그를 멈춰 세우는 것, 그리고 다시 그 죽음을 들여다볼 수 있게 하는 것도 영화만이 할 수 있다. 그래서 〈물 안에서〉는 흐릿함 속에서 영화에 바치는 절절한 고백이다. 영화의 마지막 장면이 흐릿함 속에서도 그토록 아름다운 건 바로 그 때문일 것이다.

Korean Film Critiques

# 기획특집

## 해외영화제에서 주목한 한국 영화

(1)
2023년 제76회 칸국제영화제 특성과 한국영화계의 과제  황영미

(2)
25년 후 돌아볼 우리 영화사의 민낯이 아름답기를, '우디네 극동영화제'  윤성은

(3)
2023년 칸영화제를 통해 한국영화의 위상을 다시 들여다보다  전찬일

# 2023년 제76회 칸국제영화제 특성과 한국영화계의 과제

황영미 (제26대영평회장, 영평감사)

## 1. 머리말

이 글은 제 76회 칸국제영화제에서 국제영화비평가연맹상 심사위원을 역임한 바를 바탕으로 한국영화계에 도움이 되고자 쓴 것이다. 칸국제영화제는 베니스, 베를린국제영화제와 함께 세계 3대 국제영화제로 손꼽히는 영화제 중에서도 가장 권위가 있는 영화제다. 베니스 영화제는 1932년 세계에서 처음으로 창설한 국제영화제임에도 초청작 및 게스트의 면면이나 운영체계를 보면 그 초기 명성을 지금까지 유지하지 못하고 있다. 하지만 프레스센터는 학교 강당만하게 커서 어느 국제영화제보다 프레스에 대한 편의를 제공해 주고 있었다. 베를린국제영화제는 1951년 독일의 통일을 기원하면서 시작되었다. 베니스보다 후발 주자지만, 탄탄한 구성으로 초청작 및 게스트의 수준과 조직적인 운영과 규모가 상당하다. 특히 심사위원에 대한 고려나 배려가 타 국제영화제와 비할 바가 아닐 정도로 심사를 잘 할 수 있도록 여러 가지 편의를 꼼꼼하고 철저하게 제공해 준다. 베를린국제영화제의 주제는 대체로 혁명, 사회문제 등이 강조되는데, 이는 우리 사회를 바람직한 사회로 변화시키는 주제로 한국 영화가 많이 제작되어야 베를린국제영화제에 진출할 수 있겠다고 생각되는 지점이었다. 베니스와 베를린은 일반인들도 영화관람이 가능하다.

칸국제영화제는 1946년 창립된 영화제로서 1930년대 후반, 이탈리아 파시스트 정부의 개입으로 정치색을 강화했던 베니스국제영화제에 대항하기 위해, 프랑스 정부의 지원을 받아 개최되면서 시작되었는데, 1951년에 다시 개최될 때부터 팔레 데 페스티발(Palais des Festivals et des Congrès)이 대회장으로 사용되고 있다.

칸국제영화제는 프레스나 초청된 게스트 외에는 참여가 어렵기 때문에 그동안 신청자의 활동을 확인할 수 있는 자료를 증빙하는 작업으로 참여준비를 시작하여야 한다. 시네필 자격으로도 참여가 가능하지만 거의 영화를 보기 어렵다고 한다. 필자는 2013년에 국제영화비평가연맹상(The Prize of FIPRESCI) 심사위원으로 칸국제영화제에 첫걸음을 하였다. 국제영화비평가연맹상 심사위원으로 가려면 먼저 칸국제영화제에 프레스로 등록이 되어야 한다. 10년 전에 참여신청 할 때는 프레스뱃지가 수락될 수 있도록 최근 연도에 언론에 게재했던 여러 활동자료를 스캔해서 칸 담당부서에 이메일로 보냈다. 신청서에는 해당 매체의 부수 등을 상세히 기재하고 해당매체의 편집부장의 추천서도 있어야 한다. 2022년부터는 최근 1년간 언론에서의 활동과 여러 자료들을 홈페이지 신청난에 업로드를 하면 된다. 칸에서 프레스뱃지가 수락받은 이후 국제영화비평가연맹 한국본부를 통해 뮌헨본부에 심사위원 신청서를 이메일로 보내서 또 수락을 받아야 심사위원 활동이 가능하게 된다. 심사위원이 되면 일반 프레스 뱃지와 달리 원하는 영화를 볼 기회가 거의 다 제공되는 이점이 있다.

필자는 2023년에도 국제영화비평가연맹상 심사위원으로 참여하였고, 심사 대상인 주목할만한 시선 부문에 초청된 영화 20편을 모두 보았고, 심사위원 회의에 4번 참여하였고, 한국 및 해외 주요 인터뷰에 참여하여 개막식부터 12일 동안 8편의 글[1]을 언론에 게재했다. 영화를 밤늦게까지 관람하고 글을 보내고 다음날 아침 8시 반 첫상영 영화를 보기 위해 숙소를 나서는 강행군을 한 결과였다. 기사 관련 주요 영화는 한번 더 관람하면서 좋은 글을 쓰기 위해 최선을 다했다.

2023년 제76회 칸국제영화제에는 한국영화가 경쟁부문에 진출하지 못했다는 것이 아쉬웠지만, 주목할만한 시선 및 비경쟁 부분이나 비평가주간, 감독주간, 미드나잇 스크리닝, 라 시네프 부문 등 다양한 부분에 장편 5편과 단편 2편으로 총 7편이나 진출했다. 특히 여러 명의 한국 신진 감독들이 칸의 러브콜을 받았다는 점이 눈길을 끈다. 주목할 만한 시선에 진출한 영화 〈화란〉을 연출한 김창훈 감독과 비평가주간에 진출한 영화 〈잠〉을 연출한 유재선 감독은 신인감독상에 해당하는 황금카메라상 후보에 이름을 올렸지만 수상하지는 못했다. 그 외에 미드나잇 스크리닝 부문에 김태곤 감독의 〈탈출: PROJECT SILENCE〉이 상영되어 호평을 받았다. 블랙핑크의 제니는 첫 연기 도전

---

1) 1. 황영미, "[황영미 칸리포트] 마이클 더글라스, 명예 황금종려상 수상.. '잔 뒤 바리' 위선과 허영 조롱", 〈일간스포츠〉 2023.05.17, (https://isplus.com/article/view/isp202305170102)
　　2. 황영미, "고레에다 히로카즈 "인간이 서로를 이해하지 못할 때 괴물이 성장한다", 〈일간스포츠〉 2023.05.17. (https://isplus.com/article/view/isp202305220117)
　　3. 황영미, "'잠'과 '탈출', 칸을 매료시킨 한국영화들", 〈일간스포츠〉 2023.05.24. (https://isplus.com/article/view/isp202305240106)
　　4. 황영미, "〈화란〉, 정은 희망없는 세계의 유일한 희망", 〈일간스포츠〉 2023.05.24. (https://isplus.com/article/view/isp202305240113)
　　5. 황영미, "송중기 '화란' 노개런티, 그게 중요한지 잘 모르겠다..숨통 트이고 싶었을 뿐", 〈일간스포츠〉 2023.05.26(https://isplus.com/article/view/isp202305260055)
　　6. 황영미, "'거미집' 욕망의 덫", 〈일간스포츠〉 2023.05.23. (https://isplus.com/article/view/isp202305310136)
　　7. 황영미, "외신들 엄지손가락 척..김지운·임수정 등이 밝힌 '거미집'", 〈일간스포츠〉 2023.05.30. (https://isplus.com/article/view/isp202305300073)
　　8. 황영미, "데비 추 감독이 〈리턴 투 서울〉에서 그린 입양인의 상처", 〈르 몽드 디플로마티크〉 2023.05.31. (http://www.ilemonde.com/news/articleView.html?idxno=17200)

작인 美 HBO 시리즈 〈디 아이돌(THE IDOL)〉은 심사위원 자격으로도 티켓을 구하기 어려울 정도로 예매가 순식간에 완료될 만큼 영화의 작품성을 떠나 인기가 높았다. 비경쟁 부문에 진출한 김지운 감독의 〈거미집〉은 뤼미에르 극장에서 상영될 당시 12분 동안이나 열렬한 박수 세례를 받았다. 감독주간 폐막작인 홍상수 감독의 〈우리의 하루〉도 많은 관심을 받았다.

라 시네프는 전 세계 영화학교 학생들이 만든 단편영화를 초청하는 경쟁 부문으로 시네파운데이션에서 이름이 바뀌었는데, 황혜인 감독의 〈홀〉과 서정미 감독의 〈이 씨 가문의 형제들〉이 초청되었으며, 〈홀〉은 2등상을 수상했다.

올해 경쟁 부문에 초청된 영화는 총 21편이다. 황금종려상을 받은 감독만 5명에 이른다. 각 부문별로 인상깊었던 작품은 다음 장에서 언급하고자 한다.

## 2. 76회 칸국제영화제의 특성

### 1) 개막식 및 개막작

제76회 칸국제영화제 개막식 레드카펫이 5월 16일 오후(이하 현지시간) 프랑스 칸 팔레 데

페스티발의 뤼미에르 극장에서 열렸다. 스웨덴의 영화 감독 루벤 외스틀룬드가 경쟁부문의 심사위원장을 맡았다. 27일까지 개최되는 이번 영화제 개막식 시작 전에 세계 유명 배우들이 레드카펫을 밟았다. 필자는 뤼미에르 극장에서 개막식을 보는 기회를 어렵게 잡게 되어 직접 그 현장에서 보게 되어 감회가 남달랐다. 무대는 품격과 화려함을 갖추고 있었고, 마치 역사의 한 장을 장식하는 듯 의미가 있어 보였다.

개막식에서는 할리우드 명배우 마이클 더글라스가 올해 칸영화제 명예 황금종려상(Honorary Palme d'or)을 받았다. 커크 더글라스의 아들인 마이클 더글라스는 1966년 영화 '팔레스타의 영웅'으로 데뷔했다. 진행자에게 이름을 소개받은 후 마이클 더글라스가 출연한 영화의 명장면이 극장 중앙의 대형화면에 비춰지면서 시상식이 진행됐다. 마이클 더글라스가 개막식 때 언급한 말은 여러 감사한 사람들을 언급한 후 마지막에 아버지를 언급했다. 대중에게 제 아버지는 슈퍼맨이었지만, 저에게는 아버지였다. 아버지께서 토니 커티스 같은 친구분들과 계실 때, 이들은 선글라스 끼고 사인을 해주는 연예인들이 아닌, 걱정과 불안감을 느끼는 우리와 같은 사람들이었다고 언급했다. 또한 칸 영화제와 프랑스에게 온 마음을 다해 감사를 표하고 싶다고 언급하면서 마이클 더글라스는 칸 명예 황금종려상을 객석에 들어올려 보이며 말을 맺었다. 이후 이번 칸 영화제 포스터 모델이 된 프랑스 배우 카트린느 드뇌브가 등장해 객석의 기립박수를 받았다. 개막작은 할리우드 배우 조니 뎁의 3년 만의 복귀작이자 프랑스 여성 영화감독 메이 웬이 감독과 주연을 한 영화 〈잔 뒤 바리(Jeanne

Du Barry)>로 프랑스 왕 루이 15세와 그의 마지막 정부였던 장 뒤 바리의 파란만장한 이야기를 그렸다. 평민이었던 여성 '뒤 바리'가 출세를 위해 프랑스 왕 루이 15세의 정부가 되어 일어나는 일을 다룬 영화다.

마치 당시의 명화를 다시 살려 놓은 듯 정교하고 고급스러운 화면이 돋보였다. 나이든 루이 15세의 모습을 연기하는 조니 뎁은 마치 돌아온 탕자 같은 허무한 표정마저 느껴진다. 루이 15세는 64세에 천연두로 사망했는데, 영화에서는 천연두로 뒤덮여 부풀어 오른 그의 늙은 얼굴을 리얼하게 보여준다. 매춘부 출신인 여성이 왕의 정부가 됐다면 감독 자신이 아닌 더 뇌쇄적인 매력을 지닌 배우가 뒤바리 역할을 맡았다면 어떨까 하는 생각이 들었고, 시대극을 뛰어넘는 삶의 깊이를 보여주는 데는 성공하지 못한 것으로 볼 수 있다.

## 2) 경쟁부문

'주목할만한 시선'부문 영화를 모두 봐야 하는 심사위원인 터라 경쟁부문 영화는 많이 관람하지는 못해서 아쉬웠지만, 영화제 마감 이틀 전부터 몰아서 경쟁부문의 영화가 상영되는 터라 시간 되는 대로 관람했다. 경쟁부문 심사위원장은 〈스퀘어〉, 〈슬픔의 삼각형〉을 연출한 스웨덴의 루벤 외스틀룬드 감독이었다. 여성 감독 쥐스틴 트리에 감독의 〈추락의 해부: 아나토미 오브 어 폴〉이 황금종려상, 조너선 글레이저 감독의 〈존 오브 인터레스트〉가 심사위원대상을 받았다. 감독상을 받은 트란 안 홍 감독의 〈도당 부팡의 열정 La passion de Dodin Bouffant〉은 제목 표기가 다양하다. 영어 제목으로는 〈The Taste of Things〉이며, 〈포토푀(The Pot-au-Feu)〉로 번역되기도 하고 〈프랑스 스프〉로 번역되기도 한다. 아무튼 줄리엣 비노시가 분한 유지니는 존경받는 요리사인데, 그녀와 지난 20년 동안 함께 일해 온 미식가 브누아 마지멜이 연기하는 도당의 관계를 요리하는 과정을 통해 아름다운 화면으로 그리고 있는 영화다. 프랑스의 낭트 근교 저택에서 사람들을 초대하여 요리해 주는 이야기로 서로를 좋아하게 된 그들의 유대감은 로맨스로 바뀌고 세계에서 가장 저명한 셰프들에게도 깊은 인상을 남길 수 있는 맛있는 요리를 만든다. 요리를 통해 그리는 인생의 통찰이라고 할 수 있다. 〈그린 파파야 향기〉에서부터의 트란 안 훙이라는 거장의 섬세하면서 품격 있는 미장센이 이 영화에서의 명장면에서도 발휘되고 있다. 이 영화가 96회 2024년 아카데미 국제장편영화상 프랑스 공식 제출작이라고 하는데, 이 외에도 이번 칸의 심사위원상 수상작인 〈폴린 리브즈〉도 핀란드에서의 아카데미 시상식 공식 출품작이며, 〈퍼펙트 데이즈〉는 일본 출품작이고, 영국의 출품작은 〈존 오브 인터레스트〉이다. 〈주목할 만한 시선〉에서 수상한 영화인 〈오멘〉 등도 각국에서 줄줄이 출품했다고 하니, 한국의 공식 제출작 〈콘크리트 유토피아〉의 아카데미 후보작 진출이 될 수 있을지 약간 불안해지기도 하는 지점이다.

고레에다 히로카즈 감독은 영화 '괴물'도 경쟁 부문에 초청되었고 사카모토 유지가 각본상을 수상했는데, 폐막식에서는 고레에다 히로카즈 감독이 대리 수상했다. 이 영화에 대해서는 한국인으로서는 유일하게 필자만 참여하게 된 고레에다 히로카즈 감독 인터뷰 기사를 참고하기 바란다. 개인적으로는 고레에다 히로카즈 본인이 직접 쓴 시나리오로 연출한 영화보다 구조적으로 복합적이면서도 많은 상징을 함축하고 있다고 느껴졌다. 특히 두 아역의 연기가 자연스러웠다. 두 주인공 배역을 맡은 미나토 역의 쿠로카와 소야와 에리 역의 히라기 히나타는 고레에다 감독가 표현하고 싶은 내용을 충분히 이해하고 연기한 것으로 보인다. 아들 미나토를 사랑하는 싱글맘 사오리(안도 사쿠라)는 이상한 아들의 태도에 민감해진다. 학교와 선생님들에 대한 오해는 이 영화가 영화 〈라쇼몽〉처럼 각각의 입장에서 같은 장면을 다른 각도에서 세 번 보여줌으로써 풀리며, 아이들의 입장에서 미나토와 에리의 마음을 다시 생각하게 해준다. 〈라쇼몽〉이 각자 자신의 입장에서 한 거짓말을 드러냄으로써 진실은 어디 있는가의 문제로 인간의 이기심을 강조하는 반면 이 영화에서는 각자의 진실을 보여주면서 우리가 얼마나 편견에 사로잡혀 있는가를 강조한다.

일본에서 찍은 빔 벤더스의 영화 〈퍼펙트 데이즈〉는 일본어 영화로 모종의 과거를 가진 도쿄의 외로운 한 청소부가 록 음악을 들으며 직장과 집 사이를 운전하는 일상의 과정을 그린다. 단 17일간의 촬영으로 진행된 이 영화는 삶의 일상에 대한 성찰을 묘사하고 있다. 야쿠쇼 코지가 남우주연상을 수상하면서 칸 영화제에서 인정받았고, 주제가는 로우 리드(Lou Reed)의 '퍼펙트 데이'다. 이 노래는 1996년 데니보일의 〈트랜스포팅〉의 주제가인데, 이는 이 영화가 빔 벤더스와 동시대의 감성을 지닌 올드 팝을 좋아하는 화장실 청소부로 주인공을 설정하여 우리가 청소부를 어떻게 보고 있는지에 대한 편견을 재확인시켜준다. 그는 현재의 단순한 삶에 만족하는 것으로 보인다. 그는 패턴화된 일상생활을 하며 그 속의 자유 시간을 음악과 책에 열정을 쏟는다. 또한 히라야마는 나무를 좋아하고 사진도 찍는다. 그의 과거는 일련의 예상치 못한 만남을 통해 점차 드러나는데, 혼자 살게 된 경위 정도로 큰 사건과 연류된 것은 아닌 것으로 드러난다.

이 영화는 단순한 화장실 청소부이지만 삶이 어떻게 즐거워야 하는지, 매일을 소중히 여기고 가능한 한 완벽한 날로 만드는 방법과 우리가 실제로 행복하고 정신적으로 건강하게 유지하는 데 얼마나 작은 것만을 필요로 하는지에 대해 성찰하게 한다. 화장실을 깨끗하고 꼼꼼하게 청소하는 그를 여러 차례 보여주는 장면에서 히라야마가 얼마나 자신의 일을 소중하게 생각하고 존중하는지 왜 일본에서 찍었는지를 짐작하게 한다. 야쿠쇼 코지(Yakusho Koji)는 일본의 국민배우로 〈우나기〉(Unagi)를 비롯한 많은 유명 영화에 출연한 일본 배우이지만, 〈쉘 위 댄스〉(Shall We Dance)에서의 주인공 역할로 국제적으로 가장 잘 알려져 있다. 야쿠쇼 코지는 히라야마의 삶 그 자체로 보일 만큼 그의 역할에 더 이상 적합할 수 없을 정도로 최적화된 인물로 연기한다. 2022년 송강호 배우도 외국 감독이 자국에서 찍은 영화로 칸 남우주연상을 받은 점과 아시아 배우가 연속해서 남우주연상을 받았다는 점에서 유사하다.

심사위원상을 수상한 〈존 오브 인터레스트〉(The Zone of Interest)는 아우슈비츠의 사령관 루돌프 회스(Rudolf Höss)와 그의 아내 헤드윅(Hedwig)이 아우슈비츠 수용소와 담을 사이에 둔

바로 옆집에서 아름다운 정원을 가꾸며 가족을 위한 꿈의 삶을 살기 위해 노력하는 모습을 보여준다. 아우슈비츠에서 가스실에서 유태인들이 죽어가는 곳, 사람을 태우느라 연기가 나는 굴뚝을 보면서 독일인들은 국가를 위해 자신의 임무를 다하고 있는 것으로 자부하며, 그의 아내는 가족을 위해 최선을 다해 아이들을 교육하며, 정원에 예쁜 꽃들을 키우고 맛있는 음식을 준비하여 가족과 행복한 삶을 살아가려 하는 것을 장면화한다. 한나 아렌트의 〈예루살렘의 아이히만〉에서 강조한 '악의 평범성'을 독일 가족의 관점에서 보여줌으로써 드러낸다. 그럼으로써 이 영화는 나치 시대뿐만 아니라 우리가 누리고 있는 일상적 행복이 타인을 짓밟고 그 위에서 이루어진 것은 없는지 반성하게 한다. 영국의 작가 마틴 에이미스의 동명의 소설이 원작이라고 한다. 아우슈비츠에서 촬영하여 실감을 더했다.

### 3) 주목할 만한 시선 부문

주목할만한시선 부문 심사위원 중에는 우리나라에서 5월에 개봉한 〈리턴 투 서울〉을 연출한 캄보디아 출신 프랑스인인 데이비 추 감독도 포함돼 있어서 인터뷰 기사를 언론에 개재하였다. 주목할만한 시선 부문에서는 개막작인 〈애니멀 킹덤〉(La Regne Animal)이 가장 인상 깊었다. 일부 인간이 다른 동물 종으로 특히 조류로 돌연변이를 시작한 미래세계에서 아버지와 아들 사이의 모험을 다룬 영화로 생물학적인 상징성은 물론 상당히 시사하는 바가 크다. 마치 바이러스가 퍼지는 것처럼 일부 인간을 점차 동물로 변화시키는 돌연변이의 물결에 휩싸인 세상에서 프랑수아(François)는 이 신비한 상태의 영향을 받는 아내, 즉 점차 몸에 날개가 돋고, 깃털이 생기면서 얼굴마저 조류로 변종되는 그녀를 구하기 위해 할 수 있는 모든 일을 한다. 하지만 이제는 언어도 되지 않는 그녀는 인간 세상에서 살기 어렵고, 일부 다른 생물이 근처 숲으로 사라지자 그녀도 숲으로 사라진다. 프랑수아는 몸이 점차 조류로 변화하며 정체성의 혼란을 겪는 16세 아들 에밀과 함께 그들의 삶을 영원히 바꿀 계획을 시작하게 된다. 이는 우리 사회에서 정상과 비정상을 나누는 구분에 대해서도 성찰하게 하며, 생물학적인 발전이 과연 어디까지 갈 것인가를 질문한다. 더구나 이 영화는 인간은 과연 무엇으로 정의되는가까지의 근원적인 질문까지 몰고가게 한다. 그리고 인간이든 돌연변이든 진정한 행복은 무엇인가를 깊게 고민하게 하는 프랑스 영화다.

주목할만한 시선상을 수상한 〈하우 투 해브 섹스(How to Have Sex)〉는 세 명의 영국 십대 소녀가 여름 휴가지에서 술을 마시고, 클럽에 가고, 남성들과 어울리는 통과 의례를 겪는 이야기다. 마치 십대 소녀들의 행각을 다큐멘터리 영화처럼 실제적이고 생생하게 표현하고 있다. 그녀들은 도전적이고 자신을 벗어던지는 모험을 하기를 원하지만, 종종 여성으로서의 두려움에도 빠지며 갈등한다. 그러한 심경이 그녀들의 눈빛연기로 빛을 발한다.

〈omen〉에서 발로지(Baloji) 감독은 초현대적 아프리카 세계에서 추방된 네 영혼의 얽힌 운명에 대한 어지럽고 시각적으로 독특한 첫 장편 영화를 선보인다. 벨기에에서 몇 년을 살았던 젊은 콩고 출신 남성 코피(Koffie)가 가족과 아프리카 문화의 복잡성에 맞서기 위해 고향인 킨샤사로 돌아가서 겪는 이야기다. 이 영화는 관객을 콩고 민주 공화국의 전통과 신념을 통해 독특한 여행으로 안내하는 동시에 전 세계 관객들과 공감하게 한다. 즉 어머니와 여동생의 가족이야기를 통해 한 사회의 통념이 마녀사냥을 어떻게 하는지를 보여주는 영화다.

〈굿바이 줄리아(Goodbye Julia)〉는 남수단이 분리되기 직전, 북부 수단 출신의 전직 가수 모나는 어느 날 운전 중 집 앞에서 나오던 오토바이 탄 남자를 치고 그가 쓰러진 것을 보고도 두려워 뺑소니를 친다. 당시에는 당황하여 그가 사망했다는 것을 몰랐지만, 나중에 알게 되자 그의 아내 줄리아를 하녀로 고용하고 그녀의 아들 다니엘까지 자신의 집에 살게 하고, 많은 월급을 주며 그녀 남편을 죽음에 이르게 한 것에 대한 구원을 하고자 한다. 줄리아는 원인도 모르고 주인 모나의 친절에 감사하며 최선을 다해 일한다. 살인 사건을 은폐한 후 죄책감에 시달리는 긴장된 결혼 생활에서 줄리아에게 자신의 범법을 고백할 수 없는 모나는 그녀와의 관계에만 노력하게 된다. 사망한 아버지의 오토바이를 옆집에서 발견한 아들 다니엘은 모나가 아버지를 죽인 범인이라는 것을 짐작하게 된다. 이 영화는 어떻게 알게 되고 관계되게 되었든 간에 자매처럼 가까운 사이가 된 줄리아와 모나와의 관계에서 빚어진 일들을 가슴 깊은 감동을 느끼도록 구현하고 있다.

〈정착민들(Los Colonos)〉은 칠레 시대극으로 혼혈 칠레인인 세군도가 보어전쟁(영국과 네덜란드계 남미 귀화인인 보어인들과의 영토전쟁으로 영국군이 승리하지만 많은 인명을 살상한 전쟁) 중 영국 대위인 맥레넌(MacLenan)과 미국 용병인 빌(Bill)이 이끄는 원정대에서 함께 말을 타고 스페인 지주인 호세 멘넨데스(José Menéndez)에게 부여된 땅을 차단하고자 한다. 그러나 이러한 행정 원정은 허울좋은 이름일 뿐 원주민에 대한 폭력적인 사냥으로 바뀌게 되는 과정을 그리고 있다. 칠레의 가슴 아픈 역사인 보어전쟁을 그리고 있다는 점에서 의미가 있다. 영국은 이주민들을 무시하는 정책으로 분쟁에 대한 부담을 줄이려 하였고 영토문제와 토지 분배에 대한 문제를 개입하였는데, 이 과정에서 원주민들의 많은 희생이 있었던 전쟁이다. 서부극 장르의 특성을 지닌 이 영화는 인명을 소홀하게 여기는 전쟁의 참상을 잘 알려지지 않은 남미의 전쟁스토리 속에서 보여준다.

〈비행자들(Los Delincuentes)〉에서 은행직원 모란은 보람없는 똑같은 일을 하고 살아가기 싫어서 삶을 뒤바꿀 충분한 돈을 훔치려는 계획을 세우고 CCTV에 찍힌다는 사실을 고려하고 훔쳐서 훔친 돈을 동료 로만에게 가지고 가서 자신이 정한 장소, 어느 산속 큰 바위 밑에 숨기도록 지시한다. 곧 수사 압력을 받게 될 로만은 산속에서 자신을 영원히 변화시키는 여성을 만나게 되는데 그녀는 돈에 구애도 받지 않고 산속에 살며 자유롭다. 모란은 로만이 현금을 숨기는 동안 자백하고 감옥에 복역한다. 이 영화는 한 사람은 강도를 저지르고 지루한 삶에 대한 대안을 찾고 다른 한 사람은 자신의 것이 아닌 돈을 숨기게 되는 과정에서 다양한 삶의 모습들을 보여줌으로써 돈이란 우리 인생에 무엇인가를 질문한다.

〈무리들 Hounds(Les meutes)〉은 모로코의 카사블랑카 교외에 사는 아버지와 아들이 돈을 벌기 위해 지역 마피아의 심부름으로 사소한 범죄를 저지르게 된다. 그러나 사건은 원래 계획대로 되지 않고 다른 일로 일이 꼬이게 된다. 이 영화의 탁월한 점은 플롯이 점입가경이라는 점이다. 이 사건이 해결되나 하면 다른 더 심각한 사건으로 진행된다. 풀리지 않고 더욱 혹독해지는 사건 속에서 아들과 아버지는 어떻게 이 난관을 종교와 모순되지 않게 풀어나갈 수 있는지 고민하며 해결해가는 과정에서 나쁜 짓을 하는 사람들인데도 양심을 지키는 사람으로 보이게 한다. 이 영화의 영어 원제는 Hounds로 개들이라는 뜻이다. 밤에 개짖는 소리가 마치 인간이 개와 다름없지 않은가 하는 울림으로 느껴진다.

〈뉴 보이(The New Boy)〉는 1940년대 호주를 배경으로 수녀 아일린(케이트 블란쳇)이 운영하는 외딴 수도원에 한밤중에 도착한 아홉 살 호주 원주민 고아 소년의 최면술 이야기다. 종교와 미신 사이를 탐구하는 종교 영화다. 말도 통하지 않는 그의 도착은 다른 원주민 아이들이 백인 문화에 동화되고 그들의 뿌리를 잊도록 가르치는 공간의 균형을 방해한다. 그러나 그는 불을 손에서 일으키는 등 초자연적인 능력을 가지고 있다. 말은 못하지만 이 뉴보이는 눈빛과 몸짓으로 많은 것을 전달한다. 예수상을 아끼는 마음이지만 신성모독죄를 저지르는 소년에 의해 성당 사람들은 모두 당황한다. 상당히 상징적인 영화로 종교란 과연 무엇인가의 근본을 질문하기도 하고 영국의 식민주의에 대한 비판도 깔려 있는 조용하고 시적이면서 강렬한 영화다.

김창훈 감독의 〈화란〉은 의붓아버지의 가정폭력에 시달리는 지옥 같은 현실에서 벗어나고 싶은 소년 '연규'(홍사빈)가 조직의 중간 보스 '치건'(송중기)을 만나 위태로운 세계에 함께 하게 되며 펼쳐지는 이야기를 그린 누아르다. 이 영화는 이야기 구조가 상당히 조직적이다. 치건이 연규에게 연민을 느끼고 아껴주는 메인 플롯은 연규가 장애인의 아들인 어린 소년에게 연민을 느끼는 서브 플롯을 만나 비정한 세계에서도 내재해 있는 정이라는 주제를 강화한다. 국내에서는 10월 11일 개봉했다.

### 4) 비경쟁 부문 및 그 외의 부문

제76회 칸국제영화제 비경쟁 부문에 초청된 김지운 감독의 〈거미집〉은 욕망하는 존재인 인간이 그 욕망의 끝에서 파멸하는 구조를 보여주는 영화다. 극중극처럼 영화 찍는 장면은 컬러로 70년대 영화는 흑백으로 보여줌으로써 현실과 영화를 구분짓는다. 국내에서는 9월 27일 개봉했다. 비평가주간에 초청된 유재선 감독의 〈잠〉은 국내에서도 호평을 받으며 9월 6일에 개봉했다. 조용한 오컬트 장르로 구현된 가족사랑을 주제로 한 영화다. '잠'은 몽유병에 시달리는 남편 현수(이선균)와 임신한 아내 수진(정유미)이 잠드는 순간 시작되는 공포의 비밀을 풀기 위해 애쓰는 이야기다. 〈잠〉에서는 신혼부부가 사는 아파트라는 일상의 공간이 공포의 공간으로 변화하며 긴장감을 유발시킨다. 미드나잇스크리닝에 초청된 〈탈출: 프로젝트사일런스〉는 박진감 넘치는 연출로 장르적 쾌감을 끝까지 밀고 가는 영화다. 한 치 앞도 구분할 수 없는 짙은 안개 속 붕괴 위기의 공항대교에 고립된 사람들이 예기치 못한 연쇄 재난으로부터 살아남기 위해 극한의 사투를 벌이는 이야기다.

# 3. 칸국제영화제가 남긴 한국영화계의 과제

76회 칸국제영화제에는 한국영화가 경쟁부문에 진출하지 못했다. 4년 전에는 봉준호 감독의 〈기생충〉이 황금종려상을 수상했고, 작년에는 〈브로커〉로 송강호 배우가 남우주연상, 또한 박찬욱 감독의 〈헤어질 결심〉이 감독상을 수상했던 바가 있어 올해 경쟁부문 진출을 못한 것에 대해 많이 아쉬워하고 있지만, 사실 전 세계에서 20위권 내에 든다는 것은 쉽지는 않은 일이다. 박찬욱 감독과 봉준호 감독의 글로벌한 인지도는 두 감독의 특성은 다르지만 공통적으로 글로벌하게 감동을 줄만한 주제적인 측면과 탁월한 미장센을 갖추고 있다는 데서 비롯된 것이다. 먼저 주제적인 측면에 대해 언급하자면 철학을 전공한 박찬욱 감독의 경우 인간의 본성에 대한 깊이있는 성찰까지 탐구하는 측면이 강하며 서양 정신의 뿌리인 오이디푸스콤플렉스 등 그리스 신화 등에도 나타나는 인간의 심연까지 파고든다. 봉준호 감독은 사회학 전공자로서 사회의 부조리에 대한 탁월한 분석과 그 분석의 힘을 영화의 구조 속에 치밀하게 구현한다.

그러므로 칸 경쟁부분에서 수상할 정도가 아니더라도 경쟁부문에 진출하려면 인간과 사회에 대한 깊이 있는 성찰과 그 깊이를 영화의 구조 속에 녹여내는 구성과 미장센을 구현해야 경쟁부문에 진출할 수 있을 것이다. 올해의 경우를 보더라도 비경쟁, 감독주간, 비평가주간, 주목할만한 시선, 미드나잇 스크리닝 등 다양한 부문에 진출하였다는 것은 세계적으로 인정받고 있다는 것을 보여주었다고 평가할 수 있을 것이다.

이 글에 언급된 다양한 주제와 미장센을 지닌 영화들의 면면을 살펴보면 느끼겠지만, 칸에 초청된 영화는 인간과 사회에 대한 다양한 접근을 하고 있는 것을 알 수 있다. 다룬 시대를 봐도 과거를 다룬 시대극, 미래사회를 다룬 영화, 현재의 평범한 일상속에 잠재돼 있는 불안이나 행복 등 상당히 다양하다. 그러므로 감독 자신의 독특함을 가지고 승부수를 던져야 한다. 개성없이는 국제무대에 초청받기 어렵다.

세계 3대 국제영화제에 참여하고 국제영화비평가연맹상 심사위원을 하면서 느낀 가장 중요한 점은 어느 국제영화제에서나 추구하는 가장 중요한 가치와 심사 기준이 독창성이라는 점을 다시 한번 깨우쳐준 점이다. 다양한 나라에서 초청된 상영작들은 각기 그 나라가 가진 문제를 진지하게 성찰하며 독특한 스타일로 메시지를 전달했다. 또한 영화 전문가와 관계자만으로 소통, 운영되면서 높은 품질을 유지하는 칸 영화제의 운영 방식은 국내에서 개최하는 국제영화제가 국제성보다는 지역 축제 형식에 기우는 것과는 다른 모범이 될 것이다.

# 25년 후 돌아볼
# 우리영화사의 민낯이 아름답기를,
# '우디네 극동영화제'

**윤성은 (영화평론가, 들꽃영화제 프로그램 디렉터)**

　올해로 25회째를 맞은 '우디네 극동영화제'(Far East Film Festival)는 이탈리아를 비롯한 유럽 관객들에게 극동 아시아의 대중 영화들을 소개하고, 영화인들 사이의 문화적 교류와 협력을 돕기 위해 만들어졌다. 우디네 극동영화제(이하 'FEFF')는 지역축제로서의 정체성을 우선순위에 두고 있는 영화제들의 롤모델로 손색이 없다. 25회를 치르는 동안 FEFF는 시민들의 중요한 연중 문화 행사로 공고히 자리잡았고, 유럽에서 아시아의 화제작들을 관람할 수 있는 이벤트로서의 위상도 날로 커져가고 있기 때문이다. 사실, 슬로베니아 국경과 인접해 있는 우디네는 유명 관광지인 베니스와 가깝지만 일반인들에게는 다소 낯선 이름의 도시다. 올해는 김민재 소속의 SSC 나폴리가 세리에A에서 우승을 확정지은 도시로 한국인들에게 좀 더 알려지기는 했다. 그러나 영화인들 사이에서 FEFF의 인기는 꽤 높은 편이다. 게스트들에 대한 영화제측의 예우가 좋은데다 관객들도 친근하고 열정적이기로 유명하기 때문이다.

　게스트들이 관객들의 열기를 피부로 느낄 수 있는 이유는 FEFF의 독특한 상영 방식에서부터 기인한다. FEFF는 상영관을 많이 두지 않고 1200석 규모의 우디네 누오보 극장(Teatro Nuovo Giovanni da Udine)을 중심으로 두어 개의 극장만을 운영한다. 모든 프로그램은 누오보 극장에서 1회씩 상영하고, 게스트들도 이 곳에서 무대인사를 갖기 때문에 실질적으로 대다수의 관객들은 여기에 모이게 된다. 한국의 영화제들처럼 영화 상영 후 GV를 갖는 대신 게스트들은 영화 상영 전에 집행위원장이나 프로그램 컨설턴트들과 함께 무대에 올라 간단한 인사를 한다. 이 때, 객석을 가득 메운 관객들이 환호로 게스트들을 맞아주는데, 3층짜리 대극장에 울려퍼지는 박수소리는 꽤 감동적이다. 월

씬 규모가 큰 칸영화제의 뤼미에르 극장에서도 게스트들이 입장할 때 비슷한 풍경이 펼쳐지지만 무대인사가 없고, 보다 격식을 차린 이벤트라 이러한 FEFF만의 편안한 환대는 게스트들에게 강렬한 인상을 남긴다.

그렇다면 어떤 영화들이 FEFF에서 상영되어 왔을까. 이것은 현재 어떤 한국영화들이 초청되고 있는가에 선행되어야 할 질문이다. FEFF는 그 동안 작가주의를 표방한 작품들, 소위 예술영화보다는 잘 만든 대중영화들의 비중을 높게 선정해왔다. 영화 평론가나 학자가 아닌 일반 관객을 먼저 배려하고 있다는 증거다. 저예산 영화, 비장르 영화들도 한 축을 이루지만 난해하고 어려운 영화들은 배제되는 편이다. 그 중 완성도가 높고 신선한 영화들은 유럽 및 미주 지역에서 온 크고 작은 영화제 프로그래머들의 눈도장을 받는다. 역사적으로 주목할 만한 작가주의 감독들의 영화는 회고전이나 특별전 형식의 프로그램을 따로 만들어 소개함으로써 문화연구자들 및 씨네필들의 욕구도 충족시키고 있다. 올해도 장선우 감독 회고전을 갖고 〈경마장 가는 길〉(1991), 〈너에게 나를 보낸다〉(1994), 〈거짓말〉(2000) 등 세 편을 상영한 바 있다.

자국에서 이미 개봉한 영화들도 FEFF에 초청받는 데는 문제가 없다. 다만, 유럽 혹은 이탈리아 프리미어 상영작을 선호하는 경향은 분명한데, 이 기준에서 운명이 갈리는 한국영화들이 종종 있다. 4월 말에 개최되는 FEFF보다 약 한 달 앞서 '피렌체 한국영화제'(Florence Korea Film Fest)가 열리기 때문이다. 한국영화 프로그래밍에 있어서 FEFF는 피렌체 한국영화제와 경쟁하고 있는 셈인데, 다른 국적의 영화들도 유사한 케이스는 있을 것으로 보인다. 그러나 미개봉 영화여야 한다는 조건이 없다는 것만으로도 선택의 폭이 좁지는 않은 편이다. 각 지역별로 전문 프로그램 컨설턴트가 영화를 추천하고 집행부에서 최종 결정하는 방식도 FEFF만의 특이점이다. 한국영화에 있어서는 영화평론가이자 번역가인 달시 파켓

이 그 역할을 담당하고 있다.

　　이러한 기준들을 바탕으로 FEFF에서 그 동안 상영되었던 한국영화 리스트를 살펴보면, 간략하게나마 25년간의 한국영화사가 담긴 듯해서 흥미롭기도 하고 뿌듯한 감정이 일기도 한다. 1회에는 김지운의 〈조용한 가족〉, 이재용의 〈정사〉, 박광춘의 〈퇴마록〉, 박기형의 〈여고괴담〉 등이 상영되었다. 2회에는 골든 멀버리상(관객상)을 받은 배창호의 〈정〉을 비롯해 민병천의 〈유령〉, 임상수의 〈처녀들의 저녁식사〉, 이영재의 〈내 마음의 풍금〉, 이현승의 〈그대 안의 블루〉 등이 초청받았다. 1회에서 2회로 넘어가면서 한국영화 상영편수가 눈에 띄게 늘어났으며, 3회부터는 벌써 김지운(〈반칙왕〉), 이현승(〈시월애〉) 같은 감독들이 재초청되는 것도 볼 수 있다. FEFF가 주목하는 한국 영화감독들이 생겨나기 시작한 것이다. 10회를 넘어가면 〈좋은 놈, 나쁜 놈, 이상한 놈〉(김지운), 〈멋진 하루〉(이윤기), 〈과속스캔들〉(강형철), 〈미쓰 홍당무〉(이경미)가 함께 초청되기도 하고(11회), 〈우리들〉(윤가은)과 〈검은 사제들〉(장재현), 〈암살〉(최동훈) 등이 같은 해(18회)에 상영되기도 했다.

　　FEFF의 상영작 리스트는 코로나 기간 동안 해외에서 폭발적인 인기를 누리게 된 K-콘텐츠의 일부로서 한국영화를 재고하게 해준다. 국내에서는 2000년대 중반부터 한국영화가 종종 천만 관객을 동원하기도 하고, 관객점유율 약 50%를 유지하며 많은 사랑을 받아왔지만, 한류의 흐름에서는 상대적으로 늦은 감이 있다. 해외에서 90년대 중반부터 시작된 김기덕, 이창동, 홍상수 등의 유명세는 영화제를 위시한 평론가나 일부 씨네필들에게 유효한 것이었다. 2000년대에는 작품성과 대중성 양면으로 주목받은 박찬욱과 봉준호의 영화들이 등장했으나 한국영화 신드롬을 일으키기에는 양적으로 부족함이 있었다. 그러나 FEFF 상영작들을 보면 매년 저예산 영화부터 블록버스터까지, 각양각색의 장르영화부터 비장르영화까지 완성도 높은 작품들이 많이 포함되어 있어 한국영화가 한 해 한 해를 얼마나 알차게 보냈는지 알 수 있다. FEFF의 오랜 관객들은 한국영화의 우수성과 저력에 대해 먼저 알고 있었을지 모른다.

　　그러나 급격한 변화의 소용돌이 속에서 코로나 이후의 상영작들은 달라졌다. FEFF는 지난 해, 〈모가디슈〉(류승완), 〈기적〉(이장훈), 〈킹메이커〉(변성현), 〈같은 속옷을 입는 두 여자〉(김세인) 등을 비롯해 한국영화 아홉 편을 초청했다. 국제적으로도 명성이 있는 류승완의 신작, 데뷔작으로 칸의 초청을 받았던 변성현의 두 번째 장편, 김세인의 데뷔작 정도를 제외하면 상대적으로 주목할 만한 작품이 별로 없다. 코로나로 암흑기를 지나고 있던 한국영화계의 상황이 고스란히 반영된 결과다. 올해까지 그 여파는 계속되었다. 작년 걸출한 신인감독의 발견이었던 〈올빼미〉(안태진)를 제외한다면 〈비상선언〉(한재림), 〈킬링 로맨스〉(이원석), 〈미혹〉(김진영), 〈유령〉(이해영), 〈리바운드〉(장항준), 〈동감〉(서은영) 등은 모두 손익분기점을 넘기지 못했을 뿐만 아니라 비평적으로도 평가받지 못했다.

그럼에도 불구하고 성과는 있었다. 우선, 〈리바운드〉가 2등 관객상에 해당하는 실버 멀버리상을 수상했다. FEFF는 특별전이나 회고전을 제외한 상영작들 중 관객들의 투표로 수상작을 결정하는데 골든 멀버리, 실버 멀버리, 크리스탈 멀버리 순이다. 언론과 비평가들이 뽑는 블랙 드래곤상도 있지만, 관객상보다 낮게 친다. 따라서, 초청작들은 모두 경쟁부문 후보인 셈인데, 편수로 따지면 약 40-50편 가량 된다. 그 중, 관객들의 호응이 가장 높은 영화에 선정되었다는 것은 큰 영예라고 할 수 있으며, 이탈리아 대중들의 취향이 그대로 반영된 자료로도 의미가 있다. 그간 한국영화들은 멀버리상 명단에 꾸준히 이름을 올려왔다. 최근 5년간만 하더라도 〈1987〉(장준환), 〈군함도: 감독판〉(류승완)(이상 20회), 〈극한직업〉(이병헌)(21회), 〈기적〉(24회) 등이 있었고, 〈엑시트〉(이상근), 〈지푸라기라도 잡고 싶은 짐승들〉(김용훈)(이상 22회) 등은 신인감독의 데뷔작만을 대상으로 한 화이트 멀버리상을 수상한 바 있다.

수상작들의 면면이 무척 다르기 때문에 FEFF 관객들의 성향을 함부로 규정하기는 어렵다. 〈1987〉과 〈극한직업〉, 〈기적〉이 하나의 기준으로 평가되었을 리는 없고, 설사 세 편의 공통점을 찾아낸다 해도 그것은 투표하는데 영향을 미친 필요조건일 뿐 충분조건은 되지 못할 것이다. 이러한 전제하에 느슨하게 접근해 본다면, 올해의 수상작인 〈리바운드〉를 포함해 실화 기반의 드라마들이 대개 관객들에게 좋은 평가를 받았음을 알 수 있다. 특히, 작년에 골든 멀버리상을 수상한 〈기적〉과 나란히 놓고 본다면, 완성도에 관계 없이 진한 감동을 남긴 작품들이 표심을 잡는데 성공한 것으로 보인다. 〈리바운드〉는 지난 2012년, 대한농구협회장기 전국 고교부 농구대회에서 준우승을 차지한 부산중앙고 농구부의 실화를 바탕으로 각색된 작품이다. 이들은 출전팀 중 최약체로 꼽혔으나 젊은 선배 코치의 열정, 선수들의 팀워크와 투지로 교체 선수 없이 결승전까지 진출하는 기적을 일궈냈다. '강양현'(안재홍) 코치의 시점으로 진행되는 〈리바운드〉는

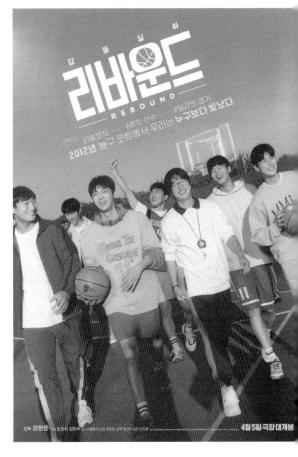

전반부에는 선수들을 모으고 훈련시키는 과정에서 좌충우돌 코미디를 구사하고, 후반부에는 대회 장면을 중심으로 스포츠 영화의 스피드와 감동을 살리는데 주력했다. 안재홍의 열연과 경기 신들의 박진감 등 장점도 있지만 여타의 스포츠 소재 영화와 차별화될 만한 부분이 없다는 점, 전반부 코미디가 다소 작위적이고 진부하다는 점 등 때문에 국내에서는 좋은 평가를 받지 못했다. 한편, 사브리나 바라체티 집행위원장은 〈리바운드〉에 대해 '코믹하면서도 감동적인 장면이 가슴에 꽂히는 영화'라면서 '올해 영화제의 가장 성공적인 작품 중 하나이며, 5점 만점에 4.6점이라는 높은 평점을 기록했다'고 전했다. 소위 영화제용 영화라고 할 수 없는 중간 규모의 상업영화가, 이탈리아의 소도시에서 이와 같은 반응을 이끌어냈다는 사실은 대중들에게 정서적 공감대가 얼마나 중요한지 재고하게 만든다.

유사한 맥락에서, 올해 초청작 중 언급하고 싶은 한국영화가 한 편 더 있다. 바로 이원석 감독의 〈킬링 로맨스〉다. 〈킬링 로맨스〉는 올해 FEFF 개최 당시 국내에서도 개봉 중이었는데, 외국인 평론가들과 국내 관객들의 평가가 극명하게 갈렸던 작품이다. 일례로, 한국에서 영화평론가이자 저널리스트로 활동하고 있는 피어스 콘란은 SNS를 통해 이 영화를 '최근 몇 년간 본 영화 중 가장 재미있는 작품이자 모든 B급 영화에 대한 찬사'라고 평한 바 있다. 필자의 경우, 미장센 및 형식 등에서 새로운 시도들이 돋보였고, 여러 장르를 넘나드는 연출력도 나쁘지 않았지만 70억을 들인 상업영화로서 그런 성과들이 얼마나 유의미한가 라는 질문에는 부정적이다. 소수의 팬덤을 제외하고는 국내 관객들과의 소통에 실패했다는 점이 끝까지 부대낀다. FEFF의 관객들은 외국인 평론가들의 편에 섰다. 상영 중 웃음이 끊이지 않았고, 엔딩 크레딧이 올라갈 때는 환호성이 터졌다. 로비의 포토존에서 영화 삽입곡인 '레이니즘'('여래이즘')을 부르며 기념사진을 찍는 이들도 많았다. 영화에서 흥을 돋우는 HOT의 '행복'이나 비의 '레이니즘' 같은 곡이 이탈리아에 많이 알려졌을 리 없는데도 관객들이 그 노래의 뜬금없는 맥락을 유머로 받아들이고 호응하는 모습은 생경하면서도 고무적이었다. 전작인 〈상의원〉 또한 FEFF는 물론 뉴욕 아시안 영화제(New York Asian Film Festival)에서 압도적인 표를 얻으며 관객상을 수상한 바 있으니 이원석 감독의 감각은 내수용이 아니라는 결론도 가능할 것이다.

올해 북미에서 공전의 히트를 기록한 〈바비〉(그레타 거윅, 2023)가 한국에서 거의 화제조차 되지 못한 것(관객수 약 58만명)을 두고 페미니즘에 대한 국내의 갈등과 극단적 태도가 그 요인으로 거론된 적이 있다. 전혀 영향이 없지는 않겠으나 더 설득력 있는 이유들은 따로 있다. 한국 관객들에게는 바비인형의 표상성이 갖는 정서적 임팩트가 약했고, 북미 관객들을 포복절도시킨 〈바비〉의 유머 코드들에도 깊이 공감하지 못했기 때문이었다. 형식적, 주제적 측면에서 유사점이 발견되는 〈킬링 로맨스〉는 국내에서보다

외국에서 더 인기를 얻은 작품으로 남게 되었다. 덧붙이자면 이원석 감독은 앞서 〈남자사용설명서〉(2013)와 〈상의원〉(2014)으로 FEFF를 방문했을 때, 영화 뿐 아니라 감독 개인의 스타성으로도 관객들에게 강렬한 인상을 남긴 바 있다. 물론, 감독의 인지도나 호감도, 영화에 대한 객석의 반응은 객관적인 측정이 불가능하므로 비평의 영역 밖에 있다고 해야 할 것이다. 그러나 FEFF의 초청작 선정 기준 및 수상작들의 성격 자체가 전통적 비평만으로 접근하기 어렵다는 점 또한 고려되어야만 한다. 평점이나 저널에 다 반영되지 못하는 현장의 분위기를 무시해서는 안된다는 의미다.

코로나 시대라는 긴 터널을 지나오면서 한국영화계는 예상도, 대비도 못한 침체기를 맞이했다. 전술했듯이 그 결과는 FEFF 초청작들의 전반적인 수준에서도 드러났다. 올해까지는 참작의 여지가 있을지 모르나 내년부터는 정말 우리 영화계의 민낯을 숨길 수 없을 것이다. 영화(계) 고관여자들 뿐 아니라 일반 관객들의 반응이 그대로 읽히는 FEFF에서 25년 후, 동시대의 초청작 리스트가 부끄럽지 않기를 바란다.

# 2023년 칸영화제를 통해 한국영화의 위상을 다시 들여다보다<sup>*</sup>

### 전찬일 (영화평론가)

필자는 온라인 매거진 아시아엔(http://kor.theasian.asia)에 10회에 걸쳐 '전찬일의 2023 칸 통신'을 송고·게재했다. 그 통신 열 번째 마지막 탄에서 이렇게 말했다. "76회 칸영화제가 막을 내린지 3주가 다 돼가지만, 나는 아직도 그 자장 안에 머물러 있다"고. 실은 폐막(5월 27일, 현지 시간) 4개월째인 요즘도 사정은 크게 다르지 않다. 올해는 그 어느 해 이상으로 그 파장이 한층 더 크고 깊어서다. 무엇보다 2편의 단편 포함 7편 가운데 일련의 한국영화들이 무척이나 다채롭고 신선하게 다가섰다, 면 지나친 과장일까? 2022년 하반기 이래 줄곧 크고 작은 위기론들이 한국 영화계를 짙게 에워싸고 있거늘? 그렇게 비쳐도 하는 수 없다. 박찬욱 감독의 〈헤어질 결심〉과 고레에다 히로카즈의 〈브로커〉가 감독상과 남우주연상(송강호)을 안은 지난해와 달리 경쟁작은 비록 없었어도, 단언컨대 올 칸에서 선보인 우리 영화들의 활약상은 크고 깊은 눈길을 끌기 모자람 없었다.

한국영화아카데미 출신 황혜인 감독의 〈홀〉(Hole)이 재학생이건 졸업생이건 학생단편 영화들이 자웅을 겨루는 경쟁 섹션 라 시네프(작년까진 불어로 씨네퐁다시옹, 영어로는 씨네파운데이션으로 일컬어졌다)에서 윤대원 감독의 〈매미〉에 이어 2년 만에 2등상을 거머쥐었는바, 그 쾌거가 그 우선적 증거다. 2천여 편의 출품작 중 최종 16편이 선정됐다는데, 단연 주목을 요하는 성취를 이뤄낸 것이다. 영화는 햇병아리 사회복지사가 조사 차 방문한 어느 남매의 집에서 오래된 노란 장판을 들춰내자, 커다란 맨홀이 드러

---

* 이 원고는 '아시아엔'(http://kor.theasian.asia) '전찬일의 2023 칸 통신', 주간 '시사저널'(http://www.sisajournal.com/news/articleView.html?idxno=272882#google_vignette), 한국문학번역원 발간 웹진 '너머' 등에 이미 발표했던 원고들을 적극 활용·인용해가며 (재)작성한 원고다. 인용 부호를 일일이 표시하지 않은 것은 그래서다.

나면서 벌어지는 24분짜리 공포성 스릴러다. 평컨대 선 굵은 내러티브와 주제의식에 빼어난 완급 조절의 극적 호흡 등 개성적 스타일까지 두루 갖춘 문제작이다. 한국예술종합학교 영상원 영화과 졸업 작품인 서정미 감독의 〈이씨 가문의 형제들〉도, 〈홀〉 같은 자기만의 스타일을 구축하는 데까진 나아가지 못했어도 문제의식과 플롯에선 〈홀〉 못지않은 주목에 값한다. 할아버지 대부터 가족의 보금자리이자 유일한 유산인 시골집이, 할아버지가 돌아가시자 장손에게 상속되면서 벌어지는 해프닝을 25분에 담아낸 블랙 코미디다.

　　장편들도 마찬가지다. 2005년의 〈달콤한 인생〉과 2008년의 〈좋은 놈, 나쁜 놈, 이상한 놈〉에 이어 세 번째로 비경쟁 부문에 공식 초청된 김지운 감독의 〈거미집〉부터가, 전작 〈인랑〉(2018)이나 Apple TV+ 최초의 오리지널 한국 드라마 6부작 〈닥터 브레인〉(2021) 등으로 상대적 부진함을 보였던 명장 김지운의 화려한 재기를 웅변하는 역작이다. 6일 간의 추석 연휴 하루 전 개봉(9월 27일)했건만 10월 8일 기준으로 〈인랑〉의 89만의 3분의 1가량 밖에 안 되는 '처참한' 흥행 성적에 머무르고 있어도, 영화 미학·예술적 층위에서는 그렇다. 감독 특유의 활기 넘치는 영화적 의미와 재미, 주제의식 등으로 날로 OTT화로 치닫고 있는 국산 극장 영화를 향한 한없는 애정을 극화했다.

　　1970년대를 무대로 영화 안 영화 〈거미집〉의 결말 부분만 다시 찍으면 걸작이 되리라 확신하는 감독(송강호)이, 배우들과 제작자를 상대로 지독할 대로 지독한 검열 등 불가능할 것만 같은 영화 현실에서 단 이틀간의 촬영을 강행하며 펼쳐지는 복고성 휴먼 드라마다. '칸의 남자' 송강호 외에 〈장화, 홍련〉(2003)의 임수정과 걸 그룹 에프엑스 멤버인 크리스탈(정수정)을 비롯해 오정세, 전여빈, 장영남, 박정수 등 연기파 배우들이 대거 기용돼, 개별 연기는 말할 것 없고 봉준호의 〈기생충〉(2019)에 꿀리지 않는 최상의 호흡을 뽐낸다. 〈헤어질 결심〉의 촬영감독 김지용은 또 다시 더 이상 능숙하기 불가능할 솜씨를, 이창동의 걸작 〈버닝〉(2018) 등으로 명성 자자한 모그의 음악도 최상급 효과를 발휘한다. 그래서일까, 공식 상영 후 영화에 쏟아진 반응은, 칸을 22회 찾은 필자가 느끼기에도 가히 '역대급'이었다. 2022년의 〈헤어질 결심〉을 능가했다, 면 그 열기가 상상될까?

칸에서 영화를 관람한 후 피력했던 상기 평가는 지금 이 순간에도 변함없다. 김감독 역 송강호가 "'이게 영화지'라고 느꼈다"고 언론 인터뷰에서 소회를 밝힌 영화는 그 시간적 배경인 1970년대를 넘어, 흔히 우리나라 최초의 영화로 일컬어지는 〈의리적 구토〉(1919) 이후 104년의 제작 역사를 지닌 한국 영화를 향한 시네필 김지운의 개성 가득한 오마주(경의)다. 영화에서의 묘사도 그렇거니와 필자 또한 김감독을 〈하녀〉(1960)의 김기영 감독을 모델로 했다고 진단했으나, 그렇다고 그 캐릭터를 그 거장에게로만 김기영으로 한정시킬 수 없는 것도 사실이다. 그 캐릭터는 영화 안 영화 〈거미집〉의 감독을 넘어, 이 영화 〈거미집〉을 연출하고 있는 김지운, 나아가 세상의 수많은 감독이 될 수도 있을 테기 때문이다.

아니나 다를까, 〈거미집〉은 '영화 안 영화'를 통해 영화 현장 일반의 고됨, 드라마틱함 등을 생동감 넘치게 보여주고 들려주고 느끼게 해주며 사유케 한다. 영화 역사에서 숱한 '영화에 대한 영화' 즉 메타 영화들이 존재해 왔지만, 이 영화만큼 보편성을 띤 경우를 쉽게 떠올리지 못하겠는 건 그래서다. 〈거미집〉의 복고풍은 따라서 작금의 극장 영화가 겪고 있는 크고 작은 위기감들을 지시하는 장치로 읽힌다. 김기영 이상으로 〈거미집〉에 결정적 영향을 미쳤을 스릴러 영화의 대가 알프레드 히치콕 식으로 말하면, 일종의 '미끼'(MacGuffin)인 셈이다.

원만히(?) 합의됐다고는 하나, 그렇기에 김기영 감독의 유족이 "송강호가 연기한 김감독이 고인을 모티브로 했을 뿐더러 부정적으로 묘사해 고인의 인격권과 초상권을 침해했다"며 상영금지 가처분 소송을 제기했다는 소식에는 씁쓸해하지 않을 수 없을 성싶다. 내 경우로 치더라도, 〈하녀〉를 지난 수십 년 동안 한국 최고 영화 1위작으로 여겨왔으며, 윤여정이 첫 출연한 미성년자 관람불가 영화 〈화녀〉(1971)를 초등학교 4학년 때 극장에서 숨죽여가며 봤던 미래의 평론가는 〈거미집〉을 보며 한국 영화사의 으뜸 거목을 향한 애정이 더 강해졌으면 강해졌지 그 반대는 아니었다.

칸의 또 다른 공식 섹션인 주목할 만한 시선에서 세계 첫 선을 보인 김창훈 감독의 첫 장편 연출작 〈화란〉은 또 어떤가. 캐스팅 영순위 톱스타 송준기가 노 개런티로 출연해 더 큰 화제가 된 바로 그 수작. 수상엔 실패했어도, 필자에겐 '2023 칸의 발견' 가운데 한 편으로 머물러 있다. 올 부산국제영화제 한국영화의 오늘-스페셜 프리미어에서 선보인 뒤 11일 개봉된 영화가 안겨준 감각적·감성적·지적 맛과 멋은 가히 최강·최고 수준이다. 입에 풀칠조차 힘든 가난과 의붓아버지의 상습적 폭력 등 지옥 같은 현실에서 벗어나고픈 고등학생 소년 연규(홍사빈 분)가 사채업을 내세운 동네의 한 조폭 조직의 중간 보스 치건(송중기)을 만나 그 세계에 뛰어들면서 펼쳐지는 누아르성 휴먼 드라마다.

영어 제목 Hopeless가 가리키듯, 희망 없는 세상을 각기 자기만의 다른 방식으로 살아가다 불가능할 것만 같은 '희망'(Hope)의 끈을 놓지 않는 캐릭터들 이야기의 그 과정과 결말이 가히 '치명적'이다. 톱스타 송중기는 말할 것 없고 신예 홍사빈과, 〈여고괴담 여섯 번째 이야기: 모교〉(2021, 이미영 감독)에서 주연으로 분했던 가수 비비(김형서)가

연규의 동생 하얀 역으로 발군의 연기 솜씨를 발휘한다. 칸 현장에서 만난 감독에 따르면, '비비는 연기 천재'라고. 부산영화제 프로그램 노트(정한석)가 영화의 성격을 적절하게 전한다. "한국형 누아르의 계보 안에 있는 〈화란〉은 결기와 강도 면에서 반갑고도 신선한 충격을 준다. 연민과 동정과 보호의 끈끈한 드라마이자 대물림의 잔혹 성장사이면서 한 마을의 지옥도인 이 영화는 단순한 리얼리즘 독법으로 읽히기를 거부하며 들짐승 같은 기운 혹은 짙은 혈서로 대속과 파국의 신화를 강도 높게 완성해 낸다." 이쯤 되면 올 32회 부일영화상 최우수작품상, 남우주연상(이병헌), 촬영상(조형래) 3관왕에 빛나는 엄태화 감독의 〈콘트리트 유토피아〉--시체스영화제를 선택하는 바람에 부산에는 함께 하지 못했다―와 더불어 '올해의 한국영화'로 간주되기 모자람 없지 않을까.

한준희 감독의 〈차이나타운〉 이후 8년 만에 병행 섹션 비평가주간 경쟁 부문―7편에 불과하다―에 초청된 유재선 감독의 〈잠〉도 〈화란〉 부럽지 않은 수준을 일궈냈다. 영화는 50억 원의 중간급 제작비를 들여 150만에 근접하는 흥행 실적을 거두며 손익분기점 80만 명을 일찌감치 넘었다. 게다가 비평적 호평과 영화제에서의 러브콜 등 세 마리 토끼를 다 잡는데 성공했다. 영화는 수면 도중 이해 못할 이상행동을 보이는 남편 현수(이선균)와 임신한 아내 수진(정유미)이 그 이유를 발견·해결하기 위해 협력 분투하는 스릴러성 공포물이자, '둘이 함께라면 극복하지 못할 문제는 없어!'라는, 수진이 시도

때도 없이 읊조리고 외치는 일종의 가훈 같은 신념을 극화한 러브스토리. 수진의 현현이라 한들 과장은 아닐 정유미도 칸의 한국영화진흥위원회 부스에서 진행된 한국 저널리스트들과의 회견에서, 무엇보다 감독이 "스릴러라는 외피를 두른 러브스토리"라기에

출연을 결심했다고 말했다.

영화는 극적 유머를 적절히 배치하면서도, 탄탄한 긴장감으로 드라마를 이끌어 가는 연출력이 신인이라고는 믿어지지 않으리만치 일품이다. 특히 이-정 두 배우에게서 최선의 연기를 끌어내고 실감 가득한 성격화(Characterization)를 구현한 그 솜씨가 단연 돋보인다. 홍상수의 단편 〈첩첩산

중〉(2009)을 비롯해 정유미에게 2011년 부일영화상 여우주연상 등을 안긴 〈옥희의 영화〉(2010), 2013년 14회 부산영화평론가협회상 여우주연상 등을 안긴 〈우리 선희〉까지 세 편에서 이미 호흡을 맞췄던 두 배우는 말 그래도 최선의 '케미'를 자랑한다. 빈말이 아니라 그들의 연기를 지켜보는 것이 영화의 으뜸 재미다. 생활 연기 같은 편안함과, 고도의 집중력을 발휘하는 폭발성을 동시에 구축하는 흔치 않은 경지까지 나아간다.

극 중 현수가 냉장고를 열어 생고기와 날생선 등을 꺼내 먹는 장면은, 박찬욱의 〈올드보이〉에서 오대수(최민식)가 생문어를 씹어 먹는 장면에 견줄 만한 섬뜩한 전율을 안겨준다. 특히 결말부 정유미의 표정 연기는, 그의 연기력을 충분히 알고 인정해온 필자도 놀라게 하리만치 압도적인 인상을 각인시킨다. 뿐만 아니다. 정유미 캐릭터 및 연기는 2023 칸의 최대 화두 중 하나인 '여성(성)'에 완벽히 부응하는, 특별한 존재감을 과시한다. 그 존재감은 2016년 비경쟁 미드나이트 스크리닝 부문에 초대된 연상호의 〈부산행〉의 그것과는 판이하게 다른 차원이다. 경쟁작들인 라마타 툴라예 씨의 〈바넬과 아다마〉에서의 바넬·카디 마네나, 카림 아이누즈의 〈선동가〉(FIREBRAND)에서의 영국 헨리 8세의 6번째이자 마지막 왕비였던 여왕 캐서린 파 로 분한 알리시아 비칸데르 등에 비견될 만했다면 이해될까.

그밖에도 서구 및 남성 중심의 '퇴마사(Exorcist) 모티브'를 임신한 여성에게 적용한 참신한 시도나, 별다른 기폭 없이 전개되는 안정감 있는 편집 리듬, 홍의정 감독의 걸작 〈소리도 없이〉 등에서 이미 그 솜씨를 입증한 바 있는 장혁진 & 장용진 형제의 혹하지 않을 수 없을 '멋진'(Cool) 음악 효과 등도 감독의 차기작을 기대하게 하기 충분하다. 그렇다고 영화를 향한 칸에서의 평가가 칭찬 일색이었던 것은 아니다. 골든글로브 회원으로 미국 코리아타임스의 하은선 기자는 '브릴리언트'(Brilliant)라며 극찬했으나, 국제영

화비평가연맹 한국지부 회원으로 올 칸을 찾아 주목할 만한 시선 부문 심사위원으로 활약했던 황영미 평론가는 '깔끔하다'는 정도의 간결한 상찬에 그쳤다. 워낙 큰 호평이 돌았던지라 '기대에는 미치진 못 한다'는 평가도 없지 않았던 것.

필자에게도 아쉬움이 없지는 않았다. 무엇보다 개신교 신자인 내게 영화에서 동원된 무속신앙에 대한 작가·감독의 해석·묘사가 희화화·비판도 아니고 통찰도 아닌, 그렇다고 새로운 시각을 보여주는 것도 아니고 모호하다는 느낌을 떨칠 수가 없었다. 그 인상은 이창동 감독의 〈밀양〉(2007)을 보며, 작가이자 감독 이창동의 기독교와 용서에 대한 시각에 동의할 수 없었던 감상과 비슷했다. 실내극적 설정에서 전개되는 플롯 탓에 그 전개가, 긴장감이 가득하면서도 더러는 심심한 맛이 드는 것도 아쉬웠고…. 그렇다고 그런 아쉬움들이 그 문제적 소품의 적잖은 덕목들을 크게 훼손시키는 것은 아니라는 것쯤은 굳이 강변할 필요는 없으리라.

또 다른 병행 섹션 감독주간 폐막작으로 공개된 홍상수 감독의 〈우리의 하루〉는 또 한 편의 '홍상수 월드'인바 굳이 상술이 필요치 않으나, 역시 화제리에 선보였다. 집행위원장 쥘리안 레지는 "삶의 온갖 즐거움을 자연스레 다룰 뿐만 아니라 김민희가 어떻게 진정한 여배우가 되었는지에 대해 이야기하는 모습이 아름답다."고 선정의 변을 밝혔다. 부산영화제의 "동시대를 대표하는 거장들의 신작을 소개하는 섹션"인 아이콘에서 선보인바, 한때 배우로 활동했던 여인 상원(김민희)과 그녀의 선배 정수(송선미), 70대의 시인 홍의주(기주봉), 배우가 되고 싶다고 상원을 찾아온 20대 여자(박미소), 시인을 찾아온 30대 남자(하성국) 등 몇몇 캐릭터들이 겪는 하루의 면면이 교차된다. "인물들이 들려주는 삶의 태도는 어딘지 공명한다. 상원을 솔직함을, 홍의주는 정답이나 진리 대신 작은 순간을 신뢰한다. 그러나 이 영화는 맑은 믿음과 호의적인 마음에 스민 불안과 의심, 위선과 냉기, 어쩔 도리 없는 유혹, 무엇보다 고독의 그림자를 날카롭게 살피고 씁쓸하게 응시한다. 정직한 단순함만으로 삶고 사람의 짙은 구체성에 이른다."(남다은)

〈탈출: PROJECT SILENCE〉 또한, 심야 상영 부문에서 칸 특유의 열띤 호응 속에서 상영됐다. 더 이상 짙을 수 없는 안개 속에서 붕괴 위기에 놓인 공항대교에 고립된 사람들이 연쇄적인 재난으로부터 살아남기 위해 극한의 사투를 벌이는 휴먼 스릴러물. 2010년대 이후 줄곧 우리 영화들이 웰-메이드 장르물을 소개하는 그 섹션의 '단골손님'으로 호명돼왔는데, 그 역할을 충실히 해낸 것. 김태곤 감독을 비롯해, 주연 배우 이선균, 주지훈, 김희원, 제작자 김용화, 그리고 CJ ENM 스튜디오스 대표이기도 한 윤제균 감독 등이 자리를 빛냈다.

주지하다시피 국내에서는 바야흐로 외면키 힘든 '위기론'이 영화계를 뒤덮고 있다. 하지만 K-무비를 포함한 K-콘텐츠를 향한 올 칸에서의 관심·애정은 여전히 열띠었던 것도 사실이었다. 그 사실을 입증하기라도 하듯, 〈잠〉의 경우 오후 5시의 공식 상영은 말할 것 없고 오전 11시와 밤 10시 15분의 일반 상영까지 모두 입장권이 동날 정도로 대성황을 이뤘다. 실은 그 정도가 아니다. 부산에서 만난 상기 하은선 기자는, 할리우드가 요즈음 한국 영화와 OTT 드라마를 벤치마킹하는 데 열심이라고, 전하는 게 아닌가. 그렇다면 영화 포함 이른바 K-콘텐츠를 향한 해외에서의 여전한 인정·부러움과 국내에서의 위기론 사이의 괴리를 어떻게 바라봐야 할까. 혹 작금의 위기론은 영화를 그저 돈벌이로만 치부하는 관성에서 비롯된 상습적 비관론은 아닐까. 영화가 내포하기 마련인 문화적 가치를 폄하·홀대하는, 또 한국 극장 영화의 위기를 지나치게 일반화하(려)는? 그에 대한 심층 진단은 다음 기회를 보련다.

Korean Film Critiques

# 신인의 발견

## 김세인 감독론

강렬한 제목을 뛰어넘는 세밀하고 집요한 시선 김희경

김세인 감독론

# 강렬한 제목을 뛰어넘는 세밀하고 집요한 시선

김희경 (영화평론가, 한국예술종합학교 겸임교수)

영화가 제목만으로 대중의 시선을 사로잡는 일은 쉽지 않다. 그런데 제목으로 관심을 끌게 되더라도, 영화 자체로 제목 그 이상의 강렬함을 선사하는 것은 더욱 어렵다. 김세인 감독의 〈같은 속옷을 입는 두 여자〉는 이 두 가지 어려운 일을 거뜬히 해내며, 한국 영화계에 반향을 불러일으켰다.

한 가지 더 놀라운 사실은 이 영화가 김 감독의 첫 장편 데뷔작이라는 점이다. 영화는 신인 감독의 작품이라고 믿기 힘들 정도로, 인물들의 심리를 세밀하고 집요하게 파고든다. 즉, 〈같은 속옷을 입는 두 여자〉는 제목-인물의 심리 묘사-신인 감독으로서의 역량과 가능성이라는 3박자를 골고루 갖춘 작품이라고 할 수 있다.

## 정형성을 탈피한, 불온하고 위태로운 모녀

김 감독은 한국영화아카데미(KAFA) 출신으로, KAFA의 장편 과정 졸업작품으로 이 영화를 만들었다. 그는 앞서 〈불놀이〉(2018), 〈컨테이너〉(2018) 등 단편을 통해서 두 캐릭터의 관계와 심리를 긴장감 있고 밀도 높게 그려왔다. 장편 〈같은 속옷을 입는 두 여자〉에선 늘어난 길이만큼, 그 깊이가 더욱 심화되어 나타난다.

영화의 제목이 주는 첫인상은 은밀하고 강렬하다. 영화에서 같은 속옷을 나눠 입는 주체는 모녀 수경(양말복)과 이정(임지호)이다. 그런데 정작 속옷을 공유하는 두 사람의 관계는 제목에서 느껴지는 친밀감과는 거리가 한참 멀다. 오히려 모녀라는 지극히 보편적이고 정형화된 관계에서 과감하게 이탈한다.

영화의 오프닝은 그 관계의 특성을 극명하게 표출시킨다. 이정은 화장실 세면대 앞에서 여러 장의 속옷을 빨고 있다. 수경은 자신이 입던 속옷을 벗어 속옷이 쌓인 세면대에 던져놓고, 마르지도 않은 속옷을 이정에게서 낚아채 가져가 버린다. 그러면서 수경은 이정에게 양해를 구하지도 않는다. 심지어 두 사람 사이엔 아무 대화도 이뤄지지 않는다. 이 오프닝을 통해 두 인물 사이에 존재하는 해묵은 감정의 골을 느낄 수 있다.

　　그리고 곧 이들은 본궤도에서 이탈하는 것을 넘어 저 멀리 탈주라도 하는 듯, 비정상적인 모녀의 관계를 보여준다. 수경과 이정은 마트에서 장을 보고 나오는 길에 차 안에서 다툰다. 그리고 이정은 수경에게서 흠씬 두들겨 맞는다. 수경이 이정에게 평소에도 했던 행위인 것처럼 익숙하게 보인다. 하지만 그 정도가 심해 소란한 파열음을 내며 갈기갈기 찢어질 것처럼 위태롭게 느껴진다.

　　결국 이정은 차 밖으로 나가고, 수경이 몰던 차는 이정을 덮친다. 모녀 관계를 떠나, 인간 대 인간으로서도 가장 위험하고 치명적인 사건 또는 사고가 발생한 것이다. 그리고 이로써 두 사람의 갈등은 극단으로 치닫는다. 이정은 이 일을 수경의 고의로 인한 사건으로 보는 반면, 수경은 자동차의 잦은 급발진으로 인한 사고라고 주장한다. 그렇게 사건과 사고 사이에서 모녀의 관계는 더욱 악화되어 간다.

　　하지만 영화는 진실 공방에 몰두하지 않는다. 수경은 이정이 차

를 타고 나가는 모습을 집 베란다에서 내려다보며 "고쳤나. 잘 나가네"라고 혼잣말을 한다. 영화는 이로써 수경의 차가 급발진했다는 사실을 미리 밝힌다. 이정은 모르지만, 관객은 먼저 알게 된 진실. 김 감독은 관객에게 일찌감치 진실을 밝힘으로써, 영화의 목표가 진실 찾기에 있지 않음을 암시한다. 그리고 이후에도 이정이 이 사실을 모르는 점을 활용해 또 다른 극단적인 사건을 파생시키지 않고, 오직 두 사람의 심리 묘사에 집중한다.

〈같은 속옷을 입는 두 여자〉의 진가는 그 이후부터 본격적으로 드러난다. 김 감독은 처음부터 모녀 관계의 틀에 얽매이지 않았듯, 수경과 이정을 가해자와 피해자로 두는 이분법적인 사고에서 벗어난다.

물론 영화는 수경을 따뜻한 모성애를 가진 인물로 그리진 않는다. 이정과의 관계를 회복하려는 노력이 일시적으로 나타나긴 하지만, 자신의 애인인 종열(양흥주)의 독려로 인한 것일 뿐이다. 이정은 어린 시절부터 수경에게 자주 맞았으며, 졸업식에 수경이 찾아온 적도 없을 정도로 외롭게 자랐다. 이 같은 감정의 결핍은 곧 이정의 타인과 관계 맺기에도 영향을 미친다. 그리하여 이정은 가정 안팎 모두에서 고독한 존재로 그려진다. 이정은 수경에게 반복적으로 '사과'를 요구하는데, 외관상으로는 자신을 덮친 차 사고에 대한 사과와 잦은 매질에 대한 사과를 원하는 것처럼 보인다. 하지만 그 이면엔 오랜 시간 이어져 온 모성의 부재, 그로 인한 고독과 정신적 고통에 대한 사과를 들으려는 심리가 깔려 있다.

그런데 정작 영화가 말하고자 하는 바는 수경의 무정함과 그에 대한 비난이 아니다. 김 감독은 사회적으로 엄마와 자식 간에 규정되고 부담 지어진 모성애의 모양·크기·정도가 반드시 동일한 것이 아니며, 당연히 타고나는 것 또한 아닐 수 있음을 보여준다. 영화에서 수경과 이정이 사는 집엔 두 사람만이 존재한다. 이정의 아버지에 대해선 어떤 언급도 이뤄지지 않으며, 수경이 홀로 이정을 키우게 된 사연 또한 생략된다.

하지만 수경이 쑥뜸방을 운영하며 이정을 힘들게 키워왔을 것을 짐작할 수 있다. 수경은 이정에게 집, 음식 등 일정 부분 물질적 지원을 해 왔지만, 정서적으로는 이정을 충족시켜주지 않고 외면해 온 것이다. 수경이 이정에게 하는 원망 섞인 말엔 그 고통이 내포되어 있다. "네 팔뚝의, 허벅지의 살들. 그거 다 네 건 줄 알지? …몇 년을 그 공해며 증기며 버텨가며 번 돈, 그게 다 네 입으로 갔어." 결국 수경과 이정 사이에 존재하는 작고 큰 갈등은 두 사람이 각자 이 지난한 시간을 버텨옴으로써 생겨난 것이다.

수경이 종열과 재혼을 하고 집을 떠나려는 의도에도 이런 배경이 작동한다. 우선 1차적으로는 수경이 종열과 미래를 함께 할 넓은 집을 보며 만족감을 느끼는 장면에서, 수경이 종열을 통해 물질적 압박에서 벗어나길 원하는 것을 알 수 있다. 그리고 그 깊숙한 이면엔 이정과의 관계에서 짊어져야 했던 의무, 그로 인해 곪을 대로 곪아버린 염증에서 벗어나고 싶은 강렬한 욕망이 존재한다. 〈같은 속옷을 입는 두 여자〉는 그렇게 수경과 이정을 동등하게 위치시키고, 각자의 내면에 존재하는 고통과 욕망을 파헤친다.

## 실패로 돌아가는 타인과의 관계 맺기

김 감독은 두 인물의 다른 듯 비슷한 행동을 교차 편집하여 보여준다. 두 사람은 함께 지내는 집에서 각자 곧 떠날 것처럼 보인다. 그리고 이를 위해 집 밖에 존재하는 타인들과 긴밀한 애착 관계를 만들려 노력한다.

김 감독은 두 사람이 타인과의 애착 관계를 형성하려는 행위를 집 문을 메타포 삼아 보여준다. 수경은 법정에서 자신을 공격한 이정이 집에 들어오지 못하도록 문을 걸어 잠근다. 그러다 집 문이 열리는데, 이정이 아닌 종열을 향해 연 것이다. 그리고 다음 숏에선 이정이 다른 문 앞에 서 있는 모습이 보인다. 이정은 직장 동료 소희(정보람)를 찾아가 그의 집 문을 두드린다. 그렇게 영화는 집 문을 통해 수경과 이정이 서로를 떠나기 위해 어디로 향하는지를 보여준다.

수경은 종열과의 재혼을 추진하며 분리를 차근차근 진행한다. 수경은 이정에 비해 훨씬 능숙하고 원활하게 종열과의 관계 맺기를 이어간다. 그 과정은 때로 전혀 수경 본인답지 않은 방식으로 이뤄지기도 한다. 수경은 이정의 졸업식엔 한 번도 간 적이 없다는 얘기를 평소 쑥뜸방 단골 고객들 앞에서 자랑하듯 늘어놓는 인물이다. 그런데 종열에게 잘 보이기 위해 그의 딸 졸업식에 가서 사진까지 함께 찍는다. 이정은 이 사실을 알고 더욱 분개한다. 의도가 무엇이건, 친딸인 자신에겐 주지 않았던 관심이 종열의 딸을 향해 갔다는 점에서 커다란 결핍을 느낀 것이다.

이정은 수경으로부터 벗어나 소희와 관계 맺기를 시도한다. 소희는 이정이 찾아오자 문을 열어주고, 집 안에 들어오게 한다. 엄마와 달리 자신의 이야기를 들어주고, 잠까지 잘 수 있도록 공간을 내어주는 소희에게 이정은 마음을 활짝 연다.

그러나 수경과 이정은 완벽하게 분리되지 못한다. 표면적인 이유는 타인과 깊은 애착 관계를 형성하는 데 실패하기 때문이다. 영화는 대칭 구조를 만들어 그 실패 과정을 보여준다. 수경은 딸로부터 벗어나려 했지만, 재혼하려는 남자의 딸과 만나 충돌하게 된다. 종율은 수경에게 자신의 딸과 친밀하게 잘 지낼 것을 원하며, 두 사람에게 동일한 코트를 선물해 준다. 딸과 분리돼 자신만의 세계를 구축하고 싶었던 수경은 결국 그 시도가 실패할 것임을 느낀다. 수경이 그 코트를 종율 앞에서 벗어던지고 속옷 차림으로 길거리를 배회하는 장면은, 모든 짐을 훌훌 벗어 던지고 새롭게 시작하고 싶었지만 실패한 것에 대한 허탈한 심경을 보여준다.

이정은 수경으로부터 벗어나 소희와 애착 관계를 맺으려 하지만 서툰 모습을 보여준다. 이정은 소희의 집에서 하룻밤 묵게 되자 그에게 함께 살고 싶다는 의사를 단번에 드러낸다. 소희는 가까스로 부모에게서 독립한 상황에서 그런 이정의 태도가 부담스럽기만 하다. 이정은 소희와 더 가까워지기 위해 직장에서 도와주거나 옹호하는 모습까지 보여주지만, 그럴수록 소희는 이정을 멀리한다. 이정이 상대에게 천천히 다가가는 방법을 모른 채, 서툰 배려로 오히려 관계를 망치게 된 것이다. 심지어 이정은 소희에게 집착하는 모습도 보여준다. 소희의 노트북을 몰래 열어 소희가 이직 준비를 하는 것을 알아내는 등 관계 맺기를 위해 비뚤어진 방식을 사용한다. 결국 이정은 소희로부터 외면당한다. 이런 모습에서 가정에서의 탄생, 사회에서의 재탄생 과정을 거치며 수많은 생채기가 났지만, 아물지 못한 채 또 하루를 살아가는 현대인의 초상을 발견할 수 있다.

그리고 이들이 분리되지 못한 사실 이면엔 속옷을 나눠 입는 행위가 표상하듯 서로가 서로를 맴돌고 있음을 알 수 있다. 서로가 수경이 타던 차이자 자신을 덮쳤던 차를 계속해 몰고 다니는 이정의 모습에서도 이들이 연결되어 있고 종속되어 있음을 엿볼 수 있다.

수경, 종율과 함께 식사를 하게 된 이정은 내숭을 떨며 자신의 과실을 은폐하려는 듯한 수경의 모습을 보고 자리를 박차고 나온다. 그리고 식당에 고액의 한우를 포장해 달라고 한 후, 한우 값은 종율에게 받으라고 한다. 이정의 행위엔 수경에 대한 분노도 담겨 있지만, 그 분풀이를 종율에게 쏟아냄으로써 수경을 빼앗길지도 모른다는 잠재적 불안이 함께 내재되어 있다.

수경은 이정에 대한 애정을 깊이 갖고 있다고 보기 어렵고, 애정을 겉으로 드러내지도 않는다. 하지만 수경은 종율과의 관계를 끝내고 이정과 함께 있는 공간인 집으로 온다. 그리고 정전이 된 집에서 이정이 비추는 휴대폰 손전등의 도움을 받아 샤워를 한다. 샤워가 끝난 후엔 냉동실에 있다가 정전으로 녹아가는 아이스크림을 꺼내 이정과 함께 나눠 먹는다.

## 감정을 직시하는 순간 시작되는 홀로서기

김 감독은 여기서 그치지 않고, 그럼에도 작은 한 발을 떼는 모녀의 모습을 그린다. 이들이 진정한 분리를 위해 나아가게 되는 계기는 그동안 외면하던 감정을 직시하면서 마련된다. 이정은 정전된 집에서 아이스크림을 먹은 후 수경에게 "엄마, 나 사랑해?"라고 묻는다. 그동안 이정이 수경에게 끊임없이 '사과'를 요구했지만, 결국은 자신도 '사랑'받고 싶은 존재이며 이를 확인하고 싶어했음을 알 수 있다. 수경은 이 질문에 긍정도, 부정도 하지 않고 그저 웃는다. 깜깜한 집 안에 울려 퍼지는 앙칼진 웃음에서 일반적 형태의 모성애는 찾아볼 수 없다. 하지만 보일 듯 말 듯 한 수경의 눈엔 왠지 눈물이 살짝 고인 것처럼 보인다. 사랑이라 정의할 수도, 그렇다고 완전하게 부정할 수만은 없는 미묘한 감정이 흐르는 것만 같다.

그리고 다음 날, 드디어 이정은 집을 떠난다. 이정이 없는 집에서 수경은 홀로 리

코더 연주를 하고, 이정은 수경과 나눠 입지 않을 혼자만의 속옷을 사러 간다. 속옷 사이즈도 몰랐던 이정이 직접 자신의 속옷을 사게 되는 클로징은 묘한 쾌감을 느끼게 해준다. 그렇게 두 사람은 서로를 옭아매던 연결 고리에서 벗어나, 홀로서기를 위해 나아간다.

평범한 소재에도 전혀 예측하기 어렵고, 불온하지만 매혹적으로 다가오는 영화. 그래서인지 영화는 오랫동안 기억될 강렬하고 거센 감정의 파고를 일으킨다. 김 감독의 차기작은 또 어떤 모습으로 찾아올지 궁금하고 기대된다.

KOREAN

FILM

CRITIQUES

Korean Film Critiques

# 리뷰

## 국내영화

밀수 _ 곽영진

더문 _ 송영애

콘크리트 유토피아 _ 박유희

비닐하우스 _ 이수향

사랑의 고고학 _ 강익모

탄생 _ 박태식

# 장르와 기술 발전에 일조하며
# 흥행부진의 타격 만회

## 〈밀수〉 류승완

곽영진
(영화평론가)

〈밀수〉는 1970년대, 서해안의 군산쯤으로 추정되는 가상의 항구도시 군천을 배경으로 한다. 세관의 단속을 피하기 위해 바다에 투척한 밀수품을 건져 올려주며 생계를 이어가던 해녀들이 일생일대의 큰 판이 벌어지면서 사건에 본격적으로 휘말리게 되는 해양 범죄활극이다. 그 시절을 떠올리게 하는 풍속·풍물과 패션, 이를 재현해 보이는 미술과 의상, 무엇보다 70년대 향수와 복고를 자극하는 가요의 선곡으로 인해 〈밀수〉는 관객들에게 레트로무비로서의 강렬한 인상을 심어주었다. 영화의 처음, 해녀들이 발동선을 타고 조업하러 가는 오프닝 장면에서 고 최헌 가수의 〈앵두〉가 울려퍼지는데, 경쾌하면서도 애절한 이 명곡의 노랫말은 유혹과 배신이라고 하는 영화 전체의 주제를 암시해 준다.

그 외 〈연안부두〉(김트리오), 〈무인도〉(김추자), 〈월남에서 돌아온 김상사〉(김추자), 〈내 마음에 주단을 깔고〉(산울림) 등의 삽입곡들도 상황상황, 장면장면 걸맞은 탁월한 BMG 역할을 한다. 하지만 이미, 전부 시나리오 단계에서 확정된 이런 노래들의 배치는 영화 중후반으로 가면 갈수록 조금 남발한 경향이 있다는 지적을 낳기도 했다. 하지만 음악으로 영화 속 이야기의 시간을 짐작할 수 있게 해 놓았다는 디자인이 더 중요하다.

한편 〈밀수〉는 실화를 바탕으로 한 영화는 아니고 단지 실화(신문기사 한 줄)에서 모티프를 따왔을 뿐인 허구 영화다. 류승완 감독의 12번째 장편영화이고 류승완, 김정연, 최차원이 각본을 썼다. 승부사 기질의 해녀 춘자와 해녀들의 리더인 진숙 역의 김혜수, 염정아가 50대 여배우로서는 한국 최초로 투 톱 주연을 맡게 된 작품이기도 하다. 김혜수의 배역과 오버연기에 대해 평이 엇갈리기도 하지만, 박정민 외 악당 조연으로서 놀라운 연기를 보여준 밀수왕 조인성, 세관계장 김종수와 여성연대-워맨스의 결정타를 날린 다방마담 역 고민시에 대해서는 관객들도 호평 일색이다.

말했듯이 〈밀수〉는 활극 영화다. 활극(活劇)이란 씨움, 게임, 범죄, 도망, 모험, 재난, 전쟁 따위를 주된 소재와 작풍으로 하여 연출한 영화나 연극으로서 활극의 전형이라 할 난투·무술·총격 등 액션영화 외에도 범죄, 악한(갱스터), 스파이, 모험, 스릴러, 웨스턴, 전쟁 영화들을 말한다. 심지어 러브로망까지.

이렇게 활극(active film)은 인물이나 동물, 사물, 대자연의 활기찬 움직임과 극적 긴장감이 동반되는 허구의 작품을 지칭한다. 한편, 액션이나 액션드라마와 중첩적이면서도 같지 않고 대신 상위의 광적 장르 개념이 된다. 감독이나 비평가가 〈밀수〉를 액션 또는 액션활극으로 내세우거나 분류하지 않고 그냥 활극이라 칭한 것은 호텔 및 선상 난투와 수중 물질, 추격 등 액션 비중이 작지 않고 화려하기가 이를 데 없음에도 극 전반을 리드할 만큼 압도적이거나 전형적이지 않기 때문. 더 큰 이유는 드라마(적인 것)의 액션 종속이 아니라 사건보다는 사연, 액션보다는 캐릭터가 내러티브의 전개와 반전, 시퀀스의 분절과 응집에 더 큰 추동력으로 작용했기 때문이다. 배신과 폭로를 핵심 기제로 하는 플롯 구조와 맞물려서 말이다.

2023 여름성수기 극장가에서 P&A 포함 총제작비(총제) 200억 이상의 한국 대작

영화는 모두 4편, 도합 1000억 이상의 규모였다. 후발 텐트폴영화 〈콘크리트 유토피아〉는 〈비공식작전〉과 〈더 문〉의 기록적인 참패로 좀 더 주목받았지만 관객수 약 560만, 총제 약 215억의 손익분기점을 넘는 데는 크게 실패했다. 총제 약 205억이 들은 〈밀수〉 또한 최종 514만 명과 매출액 497억 원 선에서 퇴장하면서, 그간 제작사 언론플레이 및 그에 따른 각종 보도와 달리 손익분기점 달성에는 실패했다. 총제 205억 대비 10억(5%) 손실로 추정되는 것이다[총매출액에서 세금과 기금으로 각기 10%, 3% 공제하고 5대 5로 극장과의 부율을 정산한 후 배급수수료(10%)를 공제한 투자·제작사 기준의 총수입이 약 195억이다]. 다행히 〈밀수〉는 전세계 130여 개국의 판매대금으로 적잖은 추가수익을 보게 됐다. 그러나, 감독이 작정하고 만든 상업영화라는 점과 개봉 초반 천만영화의 기대를 모은 점에서 쓰라린 성적이 아닐 수 없다.

해양범죄활극 〈밀수〉(7.26~/15세)가 전형적인 비수기에 개봉한 일본애니메이션 〈스즈메의 문단속〉(3.08~/12세)보다 흥행 성적이 조금 낮고, 또 다른 비수기 6월에 개봉한 도시범죄액션 〈범죄도시3〉(5.31~/15세)와 디즈니애니메이션 〈엘리멘탈〉(6.14~/0세)보다는 현저히 낮은…, 특히 유사 장르의 범죄활극에 비해 '초'막강한 스타감독과 호화조연진의 차별적 위용을 갖추고 성수기 더 큰 판에 뛰어들었음에도 그 절반의 실적에 그친 점은 많은 것을 생각하게 한다. 한국영화의 위기론과 관련해서 좀 더 그렇다.

〈밀수〉의 흥행 부진에는 관객 상당수의 호평과 엇갈린, 상대적 소수의 실망과 입소문·댓글·비추가 주효한 탓이었으리라. 또한 성별·연령별 예매 분포를 참고해 보았을 때 〈밀수〉의 페미니즘적 요소와 색깔에 대한 2·30대 남자들, 특히 이대남들의 거부도 '한 탓'을 했다. 요약컨대 작품성, 재미, 페미니즘에 대한 실망이다. 한편, 류승완의 높은 명성과 지난 평가에 비추어 보았을 때는 비평과 수상 실적도 그리 성공적이진 않다. 매우 대중적이고 상업영화다움으로써 〈모가디슈〉나 〈베를린〉에서 보여준 류승완의 작가적 성향이 숨 죽은 작품이라는 인식이 크다.

이 모든 것에도 불구, 한국적 케이퍼영화의 장르적 진화와 기술·기법 발전에 일조하고 썩 재미있으면서 완성도 높은 대중상업영화로 구현된 측면에서, 또 가치(value)보다는 질과 기여도 중시의 평가 잣대가 우선시되어야 할 종류의 영화라는 측면에서 〈밀수〉는 '평가할' 만한 작품에 드는 것이다.

# 지구와 달 사이만큼
# 가까우면서 먼 영화

## 〈더문〉 김용화

송영애
(영화평론가, 서일대 교수)

지구와 달 사이의 거리는 약 38만 킬로미터라고 한다. 체감이 잘 안되는 거리인데, 기준에 따라서는 가까운 거리일 수도 있고, 먼 거리일 수도 있다. 광활한 우주에서 지구와 달 사이는 가까운 거리일 수 있으나, 사람과 사람 사이로는 좀 많이 먼 거리이다. 김용화 감독의 영화 〈더문〉(2023)도 그렇다. 영화의 내용 특히 등장 인물에게 먼 듯 가까운, 가까운 듯 먼 거리감을 느끼게 한다.

전체적으로 〈더문〉은 관객과 인물의 거리감을 꽤 멀게 유지한다. 이 영화를 본 모든 관객을 단순화, 일반화할 수는 없겠으나, 이 영화는 관객들의 감정에 친절하진 않다. 〈더문〉이 관객과의 거리감을 가까운 듯 멀게 구축하는 방식을 좀 살펴보고 싶다.

## - SF영화로서는 가까운 거리감

사실 영화를 보며 순간순간 느끼는 '거리감' 혹은 '낯섦'은 SF영화의 특성이기도 하다. 공상과 상상의 영역을 포함한 내용이다 보니, 이해 정도에 따라 그럴듯한 이야기로 다가갈 수도 있고, 허무맹랑한 이야기로만 다가갈 수 있다. 당연히 고군분투 중인 인물에 대한 이해도와 몰입도도 달라진다.

〈더문〉은 미래가 배경이라서, 적어도 이야기 설정 자체에 대한 거리감은 매우 가깝다. 영화처럼 2029년이면 왠지 우리 기술로 달에 갈 수 있을 것도 같다. 혹은 갈 수 있으면 좋겠다. 태양풍으로 인해 어려움을 겪게 되는 설정도 꽤 그럴듯하다. 그동안 할리우드 SF영화를 보며 학습한 덕분인지 영화적 위기 상황 설정으로 오히려 익숙함이 느껴진다.

알고 보니 과학적으로는 오류일지 모르겠으나, 적어도 〈더문〉을 보는 내내 영화 내용적 설정을 크게 의심하진 않게 한다. '달 뒷면은 춥다는 이야기를 들은 것 같다', '달에서 저렇게 점프하면 되는가 보다.' 싶다. 물론 몰입을 방해하는 설정도 있겠으나, 극영화를 굳이 과학 다큐멘터리로 볼 필요는 없다.

'달 탐사'라는 영화 내용적 설정의 익숙함은 시청각적으로 더욱 가까운 거리감으로 다가온다. 우주 공간과 우주선 공간, 달 표면, 날아드는 유성우 등 VFX로 구현된 시청각 이미지는 빠르거나 느린 드라마틱한 속도감과 규모 등으로 매우 실감 나게 표현되기 때문이다.

## - 등장인물과는 먼 거리감

반면에 〈더문〉의 등장인물은 가까이하기엔 먼 그들이다. 영화 내용적 기본 설정이나 시청각적 이미지가 구축해 둔 가까운 거리감이 인물을 통해 멀어진다. 광활한 공간을 배경으로 하는 이야기인 만큼, 인물도 많이 나온다. 물론 우주를 배경으로 한 영화가 반드시 많은 이들을 필요로 하는 건 아니지만, 〈더문〉은 한국과 미국, 그리고 거리 전광판 앞 이름 모를 대중들까지 많은 이들을 담았다. 그래서일까? 꽤 그럴듯한 달 탐사 수행 중 꽤 실감 나는 위기를 맞이한 주인공의 간절함이나 불안감, 안도감 등의 감정에 몰입하기가 어렵다.

그들의 감정을 절절하게 느끼기 위해서는 그들이 그런 감정에 빠지게 된 상황에 대한 힌트도 필요하고, 그들의 감정을 적절히 보여주고 들려주는 영화적 장치도 필요하다. 배우의 연기력만으로 구축되는 것은 아니다. '이 상황에서 왜?'라는 의문이 들게 되면, 그들에게 감정 이입하거나 공감하기가 어려워진다. 〈더문〉에서는 시청각적 요소 즉 영화적 선택이 인물의 감정에 빠져드는 것을 방해한다.

## - 미디어가 만들어 낸 거리감

특히 미디어가 자주 방해한다. 미디어 즉 매체는 말 그대로 '중간 매개물'로서 사람과 사람 혹은 사람과 사물 중간에서 서로가 소통하는 것을 돕는다. '종이'라는 미디어 덕분에 누군가에게 쪽지를 남길 수도 있다. 다만 간접 경험이다 보니 직접 체험과는 다른 강도의 감정이 전달되기 쉽다.

〈더문〉에서는 다양한 미디어가 인물 사이에서 활용된다. 달 탐사를 떠난 요원들과도 당연히 통신 미디어를 통한 소통만이 가능하다. 자주 언쟁을 벌이고, 도움을 청하는 김재국(설경구)과 윤문영(김희애) 역시 단 한 번도 미디어 없이 대화를 나누지는 않는다. 김재국은 한국에, 윤문영은 미국에 있다 보니, 전화나 문자, 통신을 통해 소통하는 식이다. '다수 대 다수'로도 상황실 모니터와 스피커를 통해서도 소통한다. 그들은 영화 내내 센터 대형 화면, 우주선 내 소형 화면, 영상 통화, 음성 통화를 통해 소통하고, 관객은 그 모습을 지켜본다.

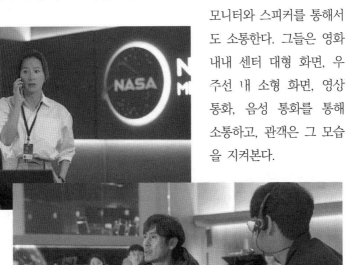

이런 설정이 이상한 것은 아니다. 다만 그들이 자신의 격한 감정을 표현하는 순간조차 미디어를 통해 중계되는 경우가 많아, 그들을 간접적으로 보거나 듣는 관객은 그들의 감정을 오롯이 느끼기가 어려울 뿐이다. 한 화면 안에 함께 등장하는 경우도 거의 없다 보니 더욱 그렇다.

멀리 있으나 각자의 위치에서 같은 마음으로 펼치는 노력의 어려움이 강하게 전달되지만, 그들 각각이 겪어내고 있는 감정이 섬세하게 전달되지는 못한다. 카메라가 인물을 직접 보여주는 대신 또 다른 화면이나 스피커를 통해 간접적으로 보여준 것은 지구와 달, 미국과 한국이라는 물리적 거리감뿐만 아니라 정서적 거리감까지 강화한다.

그들의 모습을 빠른 교차편집으로 끊어서 보여주거나 스크린 속 화면이나 스피커를 통해 표현해, 동시성과 긴박감은 배가된다. 그러나 그들의 감정은 변형되어 전달된다. 인물 사이의 거리만큼 관객 역시 그들과의 거리감을 느끼게 된다. 영화 내내 관객은 끊기는 감정선을 애매하게 관찰하면서 소외되는 느낌을 만나게 된다. 때로는 배우들의 연기가 과잉됐다고 느끼게 되고, 배경음악이 너무 거창하다고 느끼게 된다. 미디어는 관객과 인물 더 나아가 영화와의 거리감을 만들어 낸다.

## - 매스미디어의 가세

게다가 주인공이 영화 속 거리 전광판의 뉴스에 등장하게 되면, 관객은 그 순간 시청자나 목격자가 되어 더더욱 그들로부터 멀어진다. 매스미디어도 먼 거리감을 강화한다. 〈더문〉의 시작은 홍보영화이다. 영화 속 영화로 영화가 시작되는 셈인데, 과장된 듯한 스토리와 미화된 듯한 인물의 사연이 내내 등장하다가, '우리는 할 수 있습니다!'로 끝나는 전형적인 홍보영화이다.

덕분에 관객은 영화의 내용적 설정의 대부분을 빠르게 파악할 수 있다. '이미 1차례 실패했고, 이번 탐사는 2차 시도이다. 그리고 한국은 왕따 상황으로 독자 기술로 2차 시도 중이다. 그리고 탐사를 떠나는 대원 중 한 사람은 아빠가 되기 직전이고, 또 다른 대원은 특전사 출신'이라는 인물 설정까지도 영화 시작과 함께 알 수 있다.

애초에 영화는 카메라, 스크린이라는 미디어를 통해 관객에게 전달된다. 그런데 그 영화 안에 또 다른 미디어들을 겹겹이 장치하고 있는 셈이다. 예를 들어, 영화의 마지막에 황선우가 과연 구출되었는지, 생존했는지 궁금해진 상황에서 또다시 뉴스 화면이 등장한다. 미국 뉴스를 보도하고 있는 한국 뉴스인데, 구출된 황선우는 우주 정거장에서 건강한 모습이다. 카메라를 보며 웃고 있다.

황선우의 생사 걱정은 생존 뉴스를 통해 해소되지만, 관객은 매스미디어를 통해 걸리진 그의 모습을 시청하면서, 정서적으로 급격하게 멀어져 버린다. 이어서 우주 정거장 장면으로 넘어가고, 황선우의 모습을 직접 보여주는 대신, 영화는 또 다른 뉴스 영상을 보여준다. 매스미디어 덕분에 여러 정보를 얻을 수 있는 것은 분명하다. 인터넷 통신 플랫폼 덕분에 황선우 대원의 생존 소식이 지구인들에게 전파되기도 했다.

그러나 〈더문〉은 인물의 감정까지 여러 미디어를 통해 간접적으로 보여주기에, 그들 사이의 물리적 정서적 거리만큼이나 관객과의 거리 역시 멀게 한다. 각자의 공간에서 그들이 겪어낸 감정을 조금만 더 느낄 수 있었다면, 영화의 마지막 김재국과 황선우의 재회에 더 뭉클할 수 있고, 윤문영의 나사 국장 취임에도 더 축하했을 것 같다.

영화 속 우리호는 달에 도착했지만, 영화 〈더문〉은 관객의 마음에 무사히 닿지 못했다. 모든 관객에게 그런 건 아니겠지만, 지구와 달 사이만큼 가까우면서 먼, 그 애매한 거리감이 아쉬운 영화 〈더문〉이다.

# 아파트 공화국의 묵시록

## 〈콘크리트 유토피아〉 엄태화

박유희
(영화평론가)

〈콘크리트 유토피아〉는 재난에는 관심이 없는 재난영화다. 영화는 서울의 그 많던 아파트가 이미 무너진 상황에서 시작한다. 왜 아파트가 무너진 것인지 아무도 말하지 않고 묻지도 않는다. 행성 충돌이나 대지진이 일어난 것 같기는 한데, 여진은 없는 것인지 또 다른 지각 변동이나 천재지변이 닥치는 것은 아닌지에 대한 사람들의 불안이나 염려도 보이지 않는다. 구조대도 보이지 않고 사이렌 소리도 들리지 않는다는 대사로 국가의 통제 시스템도 마비되었다는 것이 암시된다. 이에 대해서도 사람들의 불만이나 초조는 보이지 않는다. 일반적인 재난영화가 재난의 징후와 예언, 재난 상황에서 사람들의 고투와 극복을 그리는 것과는 사뭇 다른 분위기다. 흥미로운 것은 이렇게 돌연한 상황에 대해 영화 속 인물들과 마찬가지로 관객도 당황하거나 묻지 않는다는 점이다. 나날이 올라가는 지구의 온도, 통제할 수 없는 바이러스, 바다에 방류되는 오염수, 그리고 출산율의 저하... 이 모든 것이 위기의 표징임에도 개인이 그 시계를 멈출 수는 없(다고 생각하)기에, 어느 날 아침 지구가 망한다고 해도 크게 놀라지 않을 것이라는 공감대가 이 무연함 아래 깔려 있다. 이것이 이 영화의 출발점이며 바로 재난이 기정사실화된 묵시록이 시작되는 지점이다.

　　이 영화가 보여주는 것은 세상이 무너진 상황에서 사람들의 심리와 행동양태다. '황궁아파트 103동' 하나만을 살려놓고 인류학 보고서를 쓰는 듯한 시선으로 그 속의 인간군상을 포착한다. 아파트 밖에는 시체가 즐비하지만 아파트 주민들은 턱없이 명랑하다. 그들은 아파트 밖 세상에는 관심이 없고 오직 아파트 안에서 아파트를 지키는 것에 몰두한다. 그래서 그들은 '사람'이기 이전에 '아파트 주민'이다. 아파트 주민은 크게 세 유형으로 나뉜다. '아파트는 주민의 것'을 외치며 아파트 지키기에 앞장서는 부녀회장(김선영), 야박하게 살고 싶지는 않지만 사랑하는 가족을 지키기 위해 대세를 따르는 민성(박서준), 외부인에게도 인정을 베푸는 명화(박보영)가 각 유형을 대표한다. 부녀회장이 자신의 의도를 관철하기에 적합한 인물로 김영탁(이병헌)을 지목하여 주민대표로 추대하면서 외부에 배타적인 태도가 아파트를 장악한다. 그들은 자치회를 조직하여 외부인을 몰아내고 식량 조달과 분배, 공동 위생에 대한 규칙을 만들어 아파트 내부의 질서를 유지하여 그들만의 '유토피아'를 만든다. 그것은 아파트들이 붕괴되기 이전부터 사람들이 품어온 '부박한 공정성'을 오롯이 보여준다. '콘크리트 유토피아'라는 제목은 이에 적절한 반어적 알레고리일 것이다.

그러나 고립된 상태의 신기루와 같은 그 질서가 지속될 리 만무하다. 참담한 폐허에 우뚝 서있는 황궁 아파트를 카메라가 부감할 때, 약탈해온 음식으로 잔치를 벌이며 "아무도 없는 쓸쓸한 너의 아파트"에 맞춰 춤추는 주민들의 그림자가 아파트 벽에 유령처럼 일렁일 때, 그들만의 세상이 얼마나 허상인지 여실히 드러난다. 그럼에도 주민들이 선택해 나가는 과정에는 긴박한 심리적 개연성이 확보되어 관객으로 하여금 눈을 뗄 수 없게 만든다. 그 개연성에는 가족을 지켜야 한다는 절박함이 일관되게 흐른다. 그것을 가장 잘 보여주는 인물이 명화의 남편 민성이다. 가장 '평범한' 소시민을 상징하는 듯한 민성은 자신의 행동에 윤리적으로 문제가 있다는 것을 알면서도 아내 명화를 지키기 위해 앞장선다. 민성이 그럴수록 이제 대안을 보여줘야 하는 것은 윤리적 선을 지키려 하는 명화의 몫이 된다. 명화와 생각을 공유하던 주민들이

붉은 낙인이 찍혀 감금되거나 죽어가고 명화가 주민대표의 비밀을 알게 되면서 명화의 행보에 더욱 초점이 모아진다. 결국 부녀회장이 아들을 잃고, 분배에 불만을 품은 주민들이 반란을 일으키는 파국의 시점에 명화는 주민대표의 정체를 폭로함으로써 결정타를 날린다.

그런데 명화가 '유토피아'의 질서를 와해시키는 논리가 석연치 않다. 주민대표 모세범은 902호의 소유자 김영탁이 아니니 나가라는 것이다. 이때 명분이 되는 것은 "아파트는 주민의 것"이라는 자치 규정이다. 애초에 배타적인 질서를 만들도록 조정하고 추동하는 일은 부녀회장으로부터 비롯되었으나, 명화는 그 문제를 짚지는 않는다. 이로써 외부인에게도 호의를 베풀었던 명화의 온정주의에 902호 김영탁에게 사기당하고 가족을 잃은 채 엉겁결에 김영탁이 된 모세범(이병헌)이 들어갈 자리는 없게 된다. 그래서 김영탁보다 아파트에 더 헌신적이었던 가짜 김영탁 모세범은 외부인이라는 이유로 모든 폭력과 실패의 책임을 지는 희생양이 되어 피흘리며 죽어갈 수밖에 없다.

결국 명화를 보호했던 민성은 죽고 민성의 가족주의 덕분에 손에 피를 묻히지 않을 수 있었던 명화만이 살아남는다. 그녀는 아파트 밖의 새로운 사람들을 만나 세로로 우뚝 선 아파트가 아니라 가로로 누운 건물에서 조건 없이 나누어주는 주먹밥을 받아든다. 이를 통해 영화는 배타성의 근거가 되는 '가족'이 아니라 밥을 함께 나눌 수 있는 공동체로서의 '식구'를 제안함으로써 마지막 희망을 전하고 싶어 하는 듯하다. 그러나 그것이 선뜻 희망으로 다가오지 않는 것은 마지막 기대를 걸었던 명화조차 절박한 순간에 내놓을 수 있는 명분이라곤 기성의 규약과 그에 따른 내외부의 구분이었음을 우리가 이미 목도했기 때문일 것이다.

# 모든 것이 전소된 세계에
# 홀로 살아남다

## 〈비닐하우스〉 이솔희

이수향
(영화평론가)

## 문정을 둘러싼 폭압적인 세계

불행은 늪과 같아서 빠져나오려 하면 할수록 더욱 깊은 곳으로 당겨 끈다. 불행의 유인력은 강력해서 불행에서 벗어나 보고자 작은 소망을 품으면 도리어 더 깊은 파국으로 치닫게 만든다. 이 부정적인 문장들이 지나치게 염세주의적이라고 생각된다면, 영화 〈비닐하우스〉는 불행을 과시적으로 전시하며 그것을 통해 역으로 통속성과 거리를 두려는 '독립영화' 특유의 '진정성' 담론에 매몰된 작품처럼 보일 것이다. 반대로 불행의 속성에 관한 일반론들이 힘을 갖고 있으며 그것을 직시하는 것이 영화의 업계 사정에 이제 막 진입한 신인감독만이 보여줄 수 있는 패기라고 여긴다면 '문정'의 상황에 고통을 느끼면서도 이 영화를 외면할 수 없을 것이다.

영화 속에서 문정(김서형)이 살아온 내력이 자세히 밝혀지지는 않지만, 남편은 없으며 아들은 소년원에 수감되어 곧 출소를 앞두고 있다. 문정은 돈을 벌기 위해 태강(양재성)-화옥(신연숙) 부부의 집에 간병인으로 일하고 있다. 중증 치매 환자인 화옥을 전담해서 돌보고, 눈이 먼 채 치매의 초엽에 접어들고 있는 태강의 생활을 도우면서 힘들고 지칠 법도 하지만 문정은 성실하고 우직하게 일을 해낸다. 문정의 유일한 소망은 아들과 함께 살 수 있는 그럴 듯한 전셋집을 언는 것으로, 이미 여러 번의 답사를 통해 집도 정해놓은 상태이다. 다소 힘들어 보이고 갈 길이 멀어보이긴 하지만 유지만 된다면 그런대로 소박한 꿈을 이뤄낼 수도 있을 것 같은 문정의 삶이다. 하지만 감독은 호

락호락하게 관객의 감정이 이완되기를 허락하지 않는다.

영화 초반, 문정에 대해 관객이 탐색을 채 시작하기도 전에 적막한 가운데 자신의 뺨을 향해 날아드는 그녀의 손과 살갗을 치는 날카로운 소리 그리고 벌겋게 부은 얼굴을 통해 영화는 문정에게 정신병리학적인 문제가 있음을 보여준다. 비닐하우스의 어두침침한 조명 아래 헐벗은 듯 드러난 초라한 세간살이들을 놓고 노란 장판에 돌아앉아 관객에게 앙상한 등을 보여주며 그녀는 자신의 뺨을 때리기 시작한다. 이러한 장면들이 등장할 때마다 카메라는 지지 않겠다는 듯 집요하게 그녀를 지켜보고 있어서 때로 관객의 불편함을 자극하기 위해 고도로 고안된 일종의 행위 예술처럼 생각하게 만든다. 루벤 외스툴룬드 감독이 〈더 스퀘어〉에서 행위 예술과 수행성의 미학 사이에서 극중 엘리트 예술의 관객들과 영화를 보는 관객들 모두에게 불편함을 안기는 실험을 자행했듯이 〈비닐하우스〉 역시 일정 부분 관객의 인내심을 시험하는 장면들이 있다.

문정은 이미 고립된 상황에 고된 일을 하며 자해마저 하는 부정적인 상황의 극한에 있는데도 감독은 그녀를 더욱 더 고통스런 파국으로 몰고 간다. 이미 소년원에 들어갔다는 것으로 문정에게 짐덩어리였음이 분명한 아들 정우는 엄마의 바람은 외면한 채 삼촌(경일)과 살고 싶다고 한다. 문정이 극진히 간호하는 화옥(신연숙)은 치매에 걸려 문정의 도움 없이는 살지 못하는 상황이면서도 종종 문정에게 화를 내고 침을 뱉고 때리는 등 '말썽'을 부린다. 치매라는 병증 때문이라면 간단하겠지만, 이 영화에서는 때때로 젊은 문정의 육체를 바라보는 화옥의 눈빛에서 질시의 시선이 있음을 지나치지 않고 카메라에 담는다. 정신건강 클리닉 모임에서 만난 순남(안소요)은 문정의 삶의 영역

을 침범해 들어오면서 부담스럽게 굴며 집착한다. 태강의 제자이자 이전에 문정과 만났던 경일(남연우)은 다시 찾아와 관계를 종용하며 문정이 원하지 않는데도 자신의 성욕을 풀려 한다. 게다가 이미 문정은 치매로 요양병원에 누워 있는 모친까지 감당해야 하는 상황이다. 한 인간에게 너무 많은 짐과 불행을 지웠기 때문에 영화는 시종일관 답답하고 우울해서 관객의 숨통을 조른다.

그럼에도 불구하고 이 영화는 지루하지 않은 극적 긴장감을 유지하는데, 그것은 문정의 삶에 우연한 두 개의 사건이 동시에 겹쳐지며 일어났기 때문이다. 먼저, 여느 때처럼 난동을 부리던 화옥이 사고로 욕실에 미끄러져 죽는 불행한 사건이 발생한다. 그와 동시에 출소하고 엄마와 살고 싶다는 아들의 전화가-문정에게 가장 소중한 존재의 응답-걸려오는 행복한 사건이 발생한다. 문정은 불행을 덮고 행복을 쟁취하기 위해 작은 선택-화옥의 죽음을 숨기는 것-을 감행한다. 자신으로서는 처음으로 수동적으로 남들에 의해 휘둘리는 삶이 아니라 스스로 선택한 것이다. 다만, 그것은 결코 작은 일이 아니었으므로 이 영화는 하나의 잘못된 선택이 점점 더 확대돼 감당할 수 없는 국면들로 진행되어 가는 과정을 보여준다. 많은 이들이 지적하듯 그 과정이 장르적인 독법에서 서스펜스와 스릴러적인 요소를 적절히 배합했기 때문에 긴장감을 유지한다. 하지만 이 영화가 보여주는 이채로움은 그것에 있지 않다고 본다.

## 모든 것을 태워버리기 위하여

흥미로운 것은 이러한 서사가, 즉 시체를 숨기려 안간힘을 쓰는 과정이 역설적으로 주인공 문정을 구해내는 서사로 완성되어 간다는 것이다. 그에게 돌봄을 받으려는 사람들은 줄을 서 있다. 화옥, 태강, 모친, 순남, 경일 그리고 아들까지. 하지만 아무도 그녀를 도와주지 않고 그녀는 이에 대해 항의하듯, 마치 자기 자신을 맘대로 할 수 있는 것은 자신 뿐이라는 것을 확인이라도 하듯 자신의 뺨을 때린다. 요컨대 문정의 자해 행위는 내면의 억압들이 쌓여 바깥으로 증환으로서 나타난 것이다. 그녀를 둘러싼 폭압적인 세계는 너무나 여러 겹이고 견고해서 성실하게 한 푼 두 푼, 모은 돈으로 어렵게 구한 아파트 전세 따위로 해결되기엔 난망한 복잡한 구도에 놓여 있다. 그리고 그 심급엔 아들로 상징되는, 모성애로 감당하고 있는 문정의 책임감 혹은 취약성의 근원이 있다.

그런데 우연한 사고로 이제 범죄의 혐의까지 떠안게 된 문정의 극악한 상황은 역설적으로 그간 그녀를 괴롭히던 많은 사람들이 그 자신들이 지닌 문제들을 통해 문정의 탈출을 돕게 된다는 점에서 아이러니하게 펼쳐진다. 화옥의 광증, 태강의 낮은 시력과 인지 혼란, 모친의 치매, 소요의 정신 착란, 경일의 성적 욕망, 아들의 방종함이 그것이다. 화옥이 죽음으로 사라지면서, 문정이 자신의 모친을 대신 그 자리에 가져다 놓으며 태강에게 인식의 교란을 가중시킨다. 기실 이 작품에서 태강이야말로 유일하게 상식적이며 염치를 알고 선의를 베푸는 인간이라고 할 수 있기 때문에 그에게 스스로의 인식 능력에 대해 과도한 절망감을 갖게 만든다는 점에서 안타까운 일이다. 그러나 이미 시력을 잃었고 치매가 시작되었으며 자식은 외국에 살아 영상통화로만 겨우 소식을 전하고 아내마저 죽어버린 그도 곧 온전한 정신을 잃은 채 죽음을 기다리게 될 것이라는 점에서 자신의 생명에 대한 주권을 자신이 선택할 수 있게 한다는 생명 존엄성의 윤리를 문제 삼고 있는 것이라 할 수 있다. 모친을 화옥으로 생각한 태강이 함께 목을 졸라 죽기 때문에 문정에게는 화옥의 죽음에 대한 처리를 용이하게 해주는 것이다.

　　순남은 비닐하우스에 찾아와 옷장에 숨겨둔 시체를 본 것 마냥 얘기하며 문정을 위협한다는 점에서 지적 장애의 일면에 악의 섞인 집착을 보이는 까다로운 상대이다. 순남은 자신을 돌보아준다는 선생님(경일)에게 맞거나 성적으로 유린당하고 있었는데 어른은 자신의 일은 자신이 해결해야한다는 문정의 말에 그녀가 경일을 유인해서 죽이는 것 역시 폭력과 착취에 있어 문정에게 가장 위협적인 위력을 발휘하는 정상+성인 남자라는 위협 요소를 제거해준 것이라 볼 수 있다.

　　그리고, 엄마에게 소식도 전하지 않은 채 출소한 아들이 친구들과 놀며 비닐하우스에 숨어들었다가 옷장을 열려는 순간, 문정이 나타나 화옥의 시체를 처리하기 위해 석유를 붓기 시작한다. 이 영화에서 갈등의 시작이 화옥의 죽음과 맞바꾼 아들의 전화였다면, 갈등의 종결에도 화옥의 시체와 아들의 존재는 만나게 되는 것이다. 물론 영화의 열린 결말은 비닐하우스가 불타는 것과 화옥의 시체가 그 안에 있는 것, 아들이 살아남을지 여부 어떤 것도 확언해 주지 않는다. 만약 아들이 자신의 방화로 죽은 것을 알게 된다면 문정은 더욱 큰 절망에 빠질 수도 있다. 다만, 비닐하우스를 뒤로 하고 어슴프레한 하늘을 배경으로 서 있는 문정에게 태강이 합법적으로 물려준 차와 돈이 생겼고 그녀가 원하든 원하지 않든 그녀를 여러겹으로 옥죄던 것들이 상당 부분 사라져 버리게 되었다는 것만은 사실이다. "제 아들은요, 저 없으면 안돼요."라고 말하면서도

몰랐던 그녀의 가장 취약성의 근원인 아들을 제거해버렸다는 점에서 말이다. 그런 의미에서 이 영화의 서사가 다소 과격하고 불손한 소망의 서사임을 추측해봐도 되지 않을까. 너무나 불행에 가득한 한 여자에게 그녀가 끝내 지키고자 했던 아들이라는 존재마저도 기실 그녀를 옥죄는 사슬에 불과했음을 서사적으로 표명하기 위해 모두 없애버린 것은 아닐까 하고 말이다.

사회적인 문제를 다룬 영화(social problem film)의 일종인 이 영화에 스릴러적인 장르적 독법으로 긴장감을 유지한다는 점을 고평한다는 것은 아귀가 맞지 않는 해석이 아닌가 한다. 불행 서사를 전시해서 그녀의 시체 숨기기 난장극을 보여주면서 서스펜스를 유지한다는 것은 독립영화가 보여주는 형식적·질적 왜소함에 대한 부정적인 함의일 수 있다. 빈곤한 자의 행위는 진실이 밝혀지는 순간 하나의 헤프닝으로 끝나버린 채 에피소드로만 기억되고, 사회는 그대로 남아있기 때문이다.

이 영화가 가진 유의미함은 가난하고 비천한 자의 욕망을 헤집어 보고, 이기심을 지키기 위한 애씀의 잔혹한 끝을 보게 하고서 결국 불태워버린 것이다. 요컨대 독립 영화의 미덕이란 불행의 선정적인 제시가 아니라 주류 영화에서 보여주지 못하는 과감하고 파격적인, 때로는 불온한 상상력을 거침없이 밀고 나가는 저의에 있다고 볼 수 있다. 방화로 상징되는 인간 욕망의 어두운 면과 그것의 소각에 대해서는 이창동의 〈버닝〉이 그려낸 바가 있지만, 불태우는 존재가 젊은 남성의 분노였던 것에서 이 영화에서는 중년의 여성으로 바뀐다는 점이 중요한 차이가 있다고 본다. 전부 불태워버리는 그 행위가 서사적 갈등을 말소하며 전복의 쾌감이 주는 승화의 미학으로 기능한다고 볼 수 있는 것이다.

# 〈사랑의 고고학〉에서 출토된
# 유구선을 해석하는 몇 가지 방법

## 〈사랑의 고고학〉 이완민

강익모
(영화평론가, AoA어워드 운영위원장)

고고하다라고 하는 말은 여러 가지 의미를 지닌다. 〈사랑의 고고학〉이 지닌 고고하다라고 하는 모습과 고고학이라고 하는 학문분야의 두 가지 의미의 상충어이기도 하다. 이 영화에서 출토된 유구선을 해석하는 방법은 몇 가지가 있을 수 있다. 영화의 고고한 장르 미학을 실현 가능한 현대의 일상 속에서 증명해 낼 수 있는 대상임을 보여주는 영화에 대한 기호학이기도 해 다변적 의미는 더 늘어날 수 있다. 등장인물 영실과 인식이라는 두 사람의 기표는 여덟 시간과 8년이라는 시간의 누적을 화면속에 녹여낸다. 8초만에 호감을 지닌 두 남녀가 8년이라는 긴 시간의 지층을 다루는 방식은 발굴현

장의 붓질만큼 꼼꼼하다. 이완민감독의 유연한 사고는 현장의 빗물받이 천막 위로 흐르는 자연의 퇴적을 실증주의적으로 보여주는 주체를 영실이라는 캐릭터와 등장인물로 치환했다. 이에 비해 인식이라는 이름은 고정된 관념과 고착적 이미지를 보여주는 대중속 남성성을 투영했다. 영실이라는 자유로운 영혼은 미스터리 투성이지만 극단적으로 해석할 수 없는 고고학적 열린 사고와 추측 가능한 역사문화적 해석의 유보 지점을 정확히 경계 짓는 단어로 귀착되고 이는 캐릭터가 된다. '인식'이 가지고 있는 단정적 확인과 약속 그리고 특히 남녀의 관계에서 변수로의 추정치에 이르기도 하는 집착의 형태를 남성캐릭터로 해석하면서 고고학자의 태도를 지닌 영실의 영화적 특성을 유구연구자의 자세와 동일시 하는 기발한 포착에 이른다. 를 가지고 있다라는 것을 여성감독은 고고하게 표현해 내고 있다. 그런 측면에서 이 영화는 상당히 다른 영화들과 결이 다른 사랑의, 학문의, 직업인의 모습을 보인다. 영화 속에서 유물과 유구에 해당하는 것은 사랑이라는 존재 자체이며 사랑이 지나간 혹은 묻혀진 흔적을 발굴의 대상으로 하고 있기 때문이다.

연구의 추론과 가설을 증명하는 지극히 고고학적인 영화이면서 제기된 문제를 자

신의 정체성 해석과 일상의 현상과 다른 영상인물만의 스토리에서 관객이 유추할 수 있는 몫까지 남기는 것은 교묘한 고고학적 단서를 찾는 행위와 같다. 역사를 대하는 학자의 태도와 단편적 남녀관계를 접하는 일반인들의 시각을 값싼 Luv(머레이 쉬스칼)로 치부하지 않는 장치를 용인하게 만든다. 인식을 대하면서 헤어진 남자와 함께 사는 특이한 사고와 감각의 소유자의 육체를 유구로 치환하고 되새김과 확대경을 통한 연구상태 테제로 두는 과정은 바로 알케올로지로서의 고고함이다. 시간을 파내는 붓질과 땅속에 묻힌 사라진 사랑의 원형을 추론해내는 형식은 카메라를 고고학자의 도구로 바꾼 것에 지나지 않는다. 사랑이라는 유적의 과거연. 현재동거. 미래관계추측은 바로 발굴된 유구의 해석에 가해질 학자의 강한 추론과 역사와 일반인, 그리고 관객에게 설득해야 할 난해한 커뮤니케이션의 물질성에 대한 가장 근접한 해석학이다. 이를 위해 동원된 에뻬르의 두 해석. 찰진 리얼리티는 극중에서 '산불'. '땅속유물'. 작곡과 음악인의 예술혼이 불러오는 완결에 대한 욕망과 그로인한 트라우마로 나타난다. 이런 편린들을 선명한 화면속에 "떡을 치다"와 같은 일상대사.

한백문화재단. 옥계. 부여. 익산. 선화공주 등의 단어가 주는 곁가지를 셀 수 없는 역사성과 신화를 이 감독은 '겨울 아틀란티스의 사라진 아련함'이라는 글쓰기와 책출간 등의 후속 작업으로 영화적 상상과 그 매듭의 과정을 결부시킨다. 이는 유골과의 대화소설가이자 시인 허수경작가의〈나는 발굴지에 있었다〉를 만나 시적인 화면과 대사로 무장한다. 남녀의 성을 다루면서 나무를 죽이지 않으려는 순수성을 병치한다거나 호두. 곶감 등의 발굴 소재들이 주는 해석의 확대, 즉 전통시장. 질펀한 진흙길. 아버지의 투신 시도를 에떼르의 두 해석으로 물고 늘어지는 인문학적 영화로 변태시킨 것이다.

이 표현형식의 변화는 사라진 과거 시간을 현재의 시간에서 영화적으로 추론하는 것으로 볼 때 고고학자는 연구 대상과 유물 발견이 감정 기복에 굴하지 않고 증거가 미진하지만 '진실'로 믿어지거나 믿게해야 하는 욕구와 성과, 그 시간의 흐름에서 침묵속 사고로 인해 미증유 연구학자의 정체성으로 스스로 자기 관리를 하는 영화감독과 학자의 동일성을 보여주기도 한다. 그 실례는 우리의 뇌리에 새겨진 믿음에 대한 선입견의 '인식'과 과학적 현미경으로 탄소연대측정을 갖다댄 익산 미륵사지의 서동왕자와 선화공주의 신화를 떠올리게 한다. 이미 수많은 소설과 민간설화에서 실제인물인 듯 알려진 석탑의 아래서 발견 된 것은 허탈한 사리장엄구였다. 그러나 이를 둘러싼 세인들의 관심은 다른 유물로 통해 신라의 공주외 백제의 왕자가 사랑을 한 흔적을 찾아내라고 지금도 요구하고 있다. 고고학자들이 못 찾으면 영화감독이라도 그려주어 "역사의 진실'로 박제시키길 기다리고 있는 것이다.

# 지금 내 가슴이 뜨겁습니다*
## 〈탄생〉

박태식
(영화평론가)

조선은 왜 망했을까? 대한민국 지식인이라면 누구나 한 번쯤 고민해 보았음 직한 질문이다. 부패하고 무력한 조정 때문에, 당파싸움에 휘말려 사익만 추구하다가, 그도 아니면 제국주의 외세의 힘이 워낙 강력해서 등등. 이유를 찾으면 수도 없이 많을 법하다. 사실 조선 말 격동기로부터 150년 가까이 지났지만, 당시를 돌아보면 여전히 아쉬움이 남는다. 조금만 더 정신을 차렸더라면 그리 무력하게 나라를 내주지 않았을 것을! 그와 동시에 또 한 가지, 당시에도 이미 나라의 앞날을 걱정하는 지식인들이 있지 않았을까 하는 질문이 뒤를 쫓는다. 끊임없이 닥치는 일련의 위기 앞에서 무엇인가 돌파구를 찾으려는 지식인 말이다.

　　올해 개봉한 영화 〈탄생〉(誕生, 박흥식 감독, 극영화/인물, 한국, 2022년, 151분)에서 필자는 조국의 위기에 맞서 길을 찾으려는 젊은 지식인 한 사람을 만났다. 그에게는 넓은 세상을 경험할 기회가 주어졌고 신문물을 받아들일 수 있는 조건이 허락되었다. 보통의 당시 조선 젊은이들에게는 결코 주어질 수 없는 기회였다. 젊은이는 그 소중한 기회를 통해 어떤 꿈을 갖게 되었을까?

## 탄 생

　　1836년 1월 12일 서양인 신부 모방이 천주교 사제로서는 처음으로 조선에 들어온다. 그는 조선 땅 곳곳을 돌며 미사를 행하고 세례를 주었는데 경기도 용인 은이隱里 공소에서 만 15세 청년 김대건(윤시윤)을 만난다. 모방은 김대건의 됨됨이를 단박에 알아보고 사제로 추천했으며 소명을 얻은 김대건은 장차 한국인 최초의 사제가 되는 여정을 시작한다. 사제서품을 위해서는 조선을 떠나 광활한 중국 대륙을 가로질러 신학교가 있는 광동 지방의 마카오까지 가야 한다. 이를 위해서 조선의 열심인 천주인들 전부 달라붙었을 정도였다. 장장 6개월이 넘는 긴 도보 여정이었기 때문이다.

　　마카오에 도착한 김대건은 프랑스 신부들에게 사제교육을 받으면서 견문을 넓힌다. 라틴어와 프랑스어는 물론 난해한 교리들과 세계 지리를 습득했고 1842년에는 프랑스 극동함대 사령관인 페리 제독의 통역으로 따라나선다. 그 과정에서 김대건은 아편전쟁의 진상眞相을 목격하였으며 난징 조약(1842)을 맺는 현장에 함께 하고 항해사로

---

* 〈영성생활〉에 실린 글을 수정 보완한 것임.

부터 육분의를 사용한 삼각측량법을 배운다. 비록 외국 함선에 오른 채였지만 세계정세의 한복판에 서 있었다. 이쯤에 이르면 관객은 〈탄생〉이 의도하는 바가 무엇인지 자연스레 짐작할 수 있다. 바로 조선의 청년 김대건이 어떻게 미래를 가늠하는 원대한 꿈이 갖게 되는지, 그 과정을 추적하는 것이다.

전기傳記에는 여러 구성방법이 있다. 이를테면, 자서전이나 회상록이나 영웅전이나 평전 등이 있겠다. 하지만 감독은 김대건이 10년 동안 겪은 다양한 사건들을 재구성함으로써 그의 사고 형성에 어떤 영향을 끼쳤는지 알아보는 방법을 택했다. 말하자면 외부 평가가 아니라 인물 내부를 탐구하는 방법을 택한 것이다. 그래서 김대건은 때로는 객관적인 입장에서, 그리고 때로는 주체적인 입장에서 세상을 바라보는데 이는 대단히 신선한 시도다.

열심인 천주교 신자나 역사 공부에 관심을 가진 사람에게 〈탄생〉이 훌륭한 영화임이 분명하다. 특히, 요즘 만들어지는 눈요기 위주의 활극 영화에 질린 관객이라면 소명에서 순교까지 김대건의 10년 역사에 더더욱 흥미를 느낄 것이다. 중/고등학교 국사 시간에 배운 바 있는 '조선인 최초의 순교자 신부'가 그 생생한 모습을 드러내기 때문이다.

## 죽는 게 두렵지 않습니까?

〈탄생〉의 또 한 가지 매력은 마틴 스콜세지 감독의 〈침묵〉(2016)과의 비교를 통해 발견할 수 있다. 두 영화의 공통점이 여럿 있는데 마카오의 신학교, 성 바오로 성당 계단, 위험을 무릅쓰고 선교하는 모습, 그리고 긴 상영시간(159분)도 꼽을 수 있다. 하지만 근본적인 차이점이 있는데 바로 순교에 대한 시각이다. 〈침묵〉 영화의 중간쯤 박해를 피해 도망가다 잡혀 온 어느 여인이 로드리게스 신부에게 불안한 맘으로 물어본다. "우리가 죽으면(순교) 정말 천국에 가나요?" 그때 로드리게스는 피식 웃으며 영혼 없는 립 서비스를 한다. "네, 물론이죠." 그녀의 세례명은 모니카였다.

감옥에 갇힌 김대건 신부를 따라 현석문도 잡혀 들어온다. 기회가 있었는데 왜 도망가지 않았느냐는 질문에 이어 신부가 물어본다. "지금 저와 같이 죽는 게 즐겁지요?" 그러자 현석문은 "오, 신부님이 저와 같이 죽어 여한이 없다고 하셨으면서."라며 너털웃음을 터뜨린다. 감옥에 마주 앉아 두 사람이 나누는 대화에 귀 기울이기 바란다. 영화의 메시지가 선명하게 담겨있는 장면이다.

순교는 칭찬받을 일인가? 조선 땅에 들어온 파리 외방 선교회 신부들이 조선의 풍속을 이해하고 존중했더라면 1만 명에 이르는 천주교인들이 목숨을 빼앗기는 일은 없지 않았을까? 그들이 죽고 한참 뒤인 1939년에 이르러서야 교황청은 제사를 허용했는데 진즉 그랬더라면 헛된 죽음은 없지 않았을까. 순교에 으레 따라붙는 논쟁이다. 〈탄생〉에서 단적인 해답을 찾기는 어렵다. 아마 영화의 제작 의도에 포함되지 않았을지도 모른다. 그러나 같은 죽음을 놓고 두 영화에서 받아들이는 태도가 사뭇 다른 것은 분명한 사실이다.

주변의 몇몇 사람에게 영화를 어떻게 보았는지 물어보았다. 먼저 천주교 성직자들과 신자들의 반응은 한결같이 긍정적이었다. 기해박해(1839)와 병오박해(1846)를 비롯해 1차 아편전쟁(1840-1842)에 이르기까지 역사적 맥락을 잘 짚어주어 박해와 관련된 산발적인 지식이 교통정리 되었다는 말을 들었다. 그리고 신부 김대건에게서 심지 굳은 조선의 젊은이를 만났다는 이도 있었다. "조선은 숱한 전쟁을 했고 정부가 도망간 적은 있지만, 백성이 도망간 적은 없소. 당신들은 결코 조선을 이길 수 없을 것이오." 김대건이 상해 주재 영국 영사 앞에서 한 말이다.

물론 정반대의 의견도 있다. 조선 천주교의 역사를 잘 모르는 관객들은 우선 여기

저기 등장하는 인물들을 낯설어했다. 역관 유진길(안성기), 순교자 자료집을 펴낸 현석문(윤경호), 북경과 연락을 맡았던 조신철(이문식), 김대건과 같이 사제수업을 받은 최양업(이호원)과 최방제(임현수), 임치백(김광규)과 임성룡(박지훈) 부자, 역관 이상적(성혁), 궁녀 박희순(정유미), 그리고 정약용의 조카이자 조선 천주교 지도자였던 정하상(김강우) 등등. 아마 그 이름마저 처음 들어본 경우가 즐비할 것이다. 영화에 선뜻 다가서기 힘들게 만드는 지점이다.

영화에 등장하는 천주교 전례와 용어들도 낯설기는 마찬가지다. 공소, 서품식, 수도회 규칙, 수도원 책임자인 장상, 중국의 과거 지명들, 수시로 나오는 라틴어와 프랑스어, 까다로운 교리 설명, 성당 계단을 무릎으로 오르는 장면, 친구親口, 그리고 왜 주교는 신자들을 하대하는지 등등. 이 모든 내용을 이질감 없이 받아들이기는 어려운 노릇이다. 그러니 아마 천주교인들이 느낀 감동에 공감할 수 없었으리라. 어쩔 수 없는 일이다.

필자가 사제인 까닭이어서인지 누구 못지않은 감동으로 영화를 보았다. 몇 번을 울컥했는지 모른다. 그러면서 다른 한 편 부끄러움을 느꼈다. 같은 신부임에도 불구하고 나라는 사람은 왜 사는 게 이 모양일까? 이 역시 제작 의도에 포함되지 않은 질문이겠지만, 아무튼 부끄러워졌다.

큰 세상으로 나온 김대건에게는 모든 게 새로운 경험이었다. 반상, 남녀, 빈부 구별 없는 평등 사회와 넓은 바다에서 길을 내는 개척자 정신과 조선의 외부에서 조선이 갖는 가치를 재발견 등 과정 하나하나가 그를 성숙한 인간으로 이끌었다. 감독은 김대건 관련 자료들을 샅샅이 뒤졌을 테고 자료들의 전후 맥락을 맞추기 위해 치밀한 연구를 했을 것이다. 김대건 신부에 대한 감독의 깊이 있는 관찰에 경의를 표한다. 〈탄생〉이 앞으로 김대건 연구 분야에 중요 자료로 남을 게 분명하다.

Korean Film Critiques

# 리뷰

## 국외영화

스즈메의 문단속 _ 조혜정

에브리씽 에브리웨어 올 앳 원스 _ 정민아

더 웨일 _ 안승범

바빌론 _ 윤필립

파벨만스 _ 이동준

아바타: 물의 길 _ 이현재

# 사실적 이미지와 빛으로 세공한
# 위로와 애도의 '세카이계'

## 〈스즈메의 문단속〉 신카이 마코토

조혜정
(영화평론가, 중앙대 예술대학원 교수)

미야자키 하야오 이래 적어도 한국에서 일본애니메이션의 계승자는 신카이 마코토(新海誠)다. 〈너의 이름은〉이 370만 관객과 N차 관람이라는 관람문화를 확산하고, 올해 개봉한 〈스즈메의 문단속〉이 555만 관객을 영화관으로 불러들였다는 건 분명 한국에서 신카이 마코토가 '포스트 미야자키'로 자리 잡고 있음을 보여주는 징후라고 할 수 있다. 신카이 마코토 애니메이션은 디즈니와는 다른 감성과 그림체로 개인의 기억(상실, 슬픔 등)과 세계에 대한 근심, 그럼에도 포기할 수 없는 미래에 대한 희망을 섬세하게 풀어낸다. 특히 '재난 3부작'이라 불리는 〈너의 이름은〉, 〈날씨의 아이〉, 〈스즈메의 문단속〉은 실사보다 더 사실적인 이미지와 아름다운 빛의 굴절, 이에 증폭된 감성의 결합으로 신카이 마코토의 '세카이계'(セカイ系)를 여실하게 보여준다.

## 재난이 들어오지 못하도록 문을 닫다

'문을 여는 것이 아닌, 닫으러 가는 이야기'인 〈스즈메의 문단속〉은 재난이 발생한 일본 지역들(규슈, 고베, 도호쿠..)을 찾아가는 로드무비다. 이 지역들은 큰 규모의 지진에 의해 할퀴어지고 파괴된 곳으로, 엄청난 재난 앞에서 사람들 역시 상실과 공포를 경험해야 했고 그 상흔은 쉽사리 가시지 않는 슬픔으로 남았다. 신카이 마코토의 작품들은 그에 대한(그러한 상흔을 떨치지 못한 일본 국민에 대한) 위로와 애도일까.

〈스즈메의 문단속〉은 '재난의 문'을 닫으려는 토지시 소타와 그를 도와 재난을 막으려는 소녀 스즈메의 고군분투 활약을 그린다. 이 작품은 직접적으로 2011년 3월 11일에 발생한 도호쿠 대지진(동일본 대지진)을 소환한다. 지진으로 엄청난 쓰나미가 발생하고 후쿠시마 원전 사고까지 초래하였던 바로 그 도호쿠 대지진이다. 4살의 어린 스즈메는 이때 엄마를 잃

은 것으로 설정되었다. 엄마를 잃은 뒤 그의 마음 밑바닥에 자리한 상실감과 슬픔은 치유되지 못한 채 시간이 흘렀지만, 소타와 함께 재난을 초래하는 미미즈와 싸우면서 스즈메는 어릴 적 공포와 어머니를 잃은 슬픔에 정면으로 다가간다. 어린 스즈메에게 현재의 스즈메가 "넌 빛 속에서 어른이 되어 있을 거야"라고 위로를 건네는 장면은 이 작품을 스즈메라는 소녀의 성장담으로 읽히게 하는 측면도 있다.

## 문을 닫는 것은 보호인가, 배제인가?

〈스즈메의 문단속〉은 문을 닫는 이야기다. 재난으로 인한 파괴와 고통이 얼마나 심했으면 재난이 침입하지 못하도록 문을 닫는 일이 가업인 '토지시(閉じ師)'를 등장시켰을까. 일본열도는 특히 자연재해가 빈번한 지역이므로 충분히 공감할 만한 설정이다.

그런데, '문을 닫는다'는 말의 뉘앙스는 한편으로 폐쇄적이고 배타적이라는 인상도 내포하고 있다. 특히 후쿠시마 오염수를 둘러싼 작금의 상황은 재난을 들어오지 못하도록 문을 닫는다는 보호의 측면과, 그렇게 일본의 문은 닫으면서 한국을 비롯한 이웃 나라와 지역에 해를 끼칠 수도 있는 상황을 문밖으로 밀어내는 것은 '문'이라는 안전과 보호로부터 결과적으로 배제하는 것은 아닌지.

신카이 마코토는 반복되는 재난으로 인한 고통과 상실에서 아직 벗어나지 못한 사람들에게 스즈메를 통하여 위로와 격려를 남기고 있다. 작가로서 신카이의 자세와 의도는 상찬받아 마땅하다. 그러나 현실에서 일본 정부가 자국민을 위로하기 위해 다른 나라 사람들을 불안하게 하고 고통받게 하는 것은 아닌지 또한 돌아볼 일이다.

# 어디에나 있고 무엇도 될 수 있는 멀티버스, 저기 새 시대의 시네마가 온다

### 〈에브리씽 에브리웨어 올 앳 원스〉
### 다니엘 콴 & 다니엘 샤이너트

정민아
(영화평론가, 성결대 교수)

탱화같은 화려한 포스터와 "모든 것, 모든 곳이 한꺼번에"라는 이상한 제목 때문에 처음에는 별 볼일 없는 영화처럼 보였다. 그러나 이 영화가 A24에서 제작했다고 하니 눈이 번쩍했다. 이제 창립 10년 된 이 작은 영화사는 최근 인디영화계 강자로 우뚝 섰다. 〈문라이트〉, 〈플로리다 프로젝트〉, 〈미나리〉, 〈더 랍스터〉, 〈아메리칸 허니〉, 〈미드소마〉, 〈언컷 젬스〉, 〈애프터 양〉, 〈애프터썬〉, 〈더 웨일〉. 끝도 없이 이어지는 리스트를 떠올리면 〈에브리씽 에브리웨어 올 앳 원스〉(이하 〈에에올〉)는 그냥 지나치기 힘들다. 거기에 예술영화와 고예산영화를 오가며 글로벌 팬덤을 굳건히 하는 양자경이 할리우드 주류영화에서 조연도 아닌 주연이라니, 이건 필람 영화라고 생각할 수밖에 없었다.

결혼하고 미국에 정착하여 수십 년간 세탁소를 운영하는 에블린은 매일 똑같은 지루한 일상을 살아간다. 그러다 나쁜 일은 한꺼번에 밀려오는 법, 남편 웨이먼드는 아내 몰래 이혼서류를 준비하고, 반항적인 외동딸 조이는 동성연인을 보수적인 할아버지에게 소개하겠다고 한다. 게다가 바로 그날 국세청에서 세무조사를 받아야 한다. 깐깐하다 못해 무시무시한 세무조사원은 한무더기 영수증을 살펴보며 세탁소를 아예 폐쇄시킬 태세다. 꽃무늬와 빨간색 의상을 입은 전형적인 중국에서 온 아주머니 에블린은 자신의 처지가 왜 이렇게 되었는지 멍하다. 이때 눈동자가 번쩍 하더니 처음 보는 사람처럼 보이는 웨이먼드가 그녀에게 헤드셋을 끼우고 비튼을 누른 후 엉뚱한 행동을 지시하자 버스verse 점핑을 한다. 그리고 에블린은 다른 세상의 다른 인물로 변해있다.

포스터가 암시하듯, 불교의 우주관과 맞닿아있는 평행우주/다중우주(멀티버스)로 그녀는 점프했고, 시작도 끝도 없이 존재하는 수많은 우주를 경험한다. 영리하고 예뻤던 에블린이 웨이먼드의 청혼을 받아들여 미국으로 가기를 거부한 우주에서 그녀는 은막의 대스타가 되어 시상식 레드카펫에 섰다. 그녀가 꿈꿔왔던 영화배우의 길은 성공적이고 찬란하기만 하여 지금 세탁소 주인인 현실과는 비교 대상조차 되지 않는다. 그때 웨이먼드만 따라가지 않았더라면.

버스에 틈이 생기면 국세청에서 변명을 늘어놓는 초라한 현실 우주로 다시 돌아오고, 또다시 기상천외한 엉뚱한 행동을 하면 또 다른 우주로 이동한다. 그녀는 모든 것이다. 셰프가 되었다가, 경극 배우가 되고, 핫도그 손가락으로 살아가는 동성애자가 되었다가, 쿵푸 마스터가 된다. 모든 것이 된 그녀는 어디에나 갈 수 있다. 그러다 어느 순간 에블린은 난관을 만나는데, 딸 조이의 얼굴을 하고 있는 악당 조부 투파키가 나타난다. 자신의 의지와 상관없이 악의 신으로부터 세상을 구해야 한다는 사명을 부여받게 된 에블린은 연

신 기상천외하고 그로테스크한 모습으로 바뀌는 조부 투파키에 맞선다.

SF, 코미디, 무협 액션, 가족드라마, 판타지 등 영화에는 모든 것이 다 있고, 캐릭터들은 어디에나 갈 수 있다. 고전적인 플롯 구조를 따르지 않고, 버스 점핑과 함께 이 장르에서 저 장르, 이 모습에서 저 모습, 여기에서 저기로 순간 바뀌는 이야기를 따라가다 보면 뒤죽박죽이다. 조부 투파키의 검정 베이글이 모든 것을 빨아들이듯이, 정신 사납게 왔다 갔다 하던 이야기도 하나의 목표점을 향해 나아간다. 수많은 우주가 펼쳐져도, 연속되는 선택에 대한 후회로 세상이 원망스러워도, 언제까지 버스 점핑을 하며

살아갈 수는 없다. 그러다 주변을 둘러보다 보니 온통 사랑스러운 모습 투성이다.

소세지 손가락 때문에 피아노 연주를 못하면 발가락으로 연주하는 우주에서는 중년 여자끼리 사랑하며 살아도 즐겁다. 오직 내 재산을 앗아가기 위해 사는 것 같은 사나운 세무조사원도 남편의 배신에 눈물 흘리는 여자다. 웨이먼드와 헤어져 스타가 된 우주에서는 다시 만난 연인을 그리워한다. 다른 세상에서는 세탁소 하면서 세금 내고 사는 삶을 선택하고 싶다는 옛 연인의 고백에 그 화려한 우주도 후회로 가득찬다.

요란하고 번쩍거리고 신기하고 난해한 이미지와 스토리는 모든 것을 빨아들여 결국 한가지 지점을 향한다. 모든 것을 얹어먹는 베이글은 베이글도 아니듯, 모든 우주를 왔다 갔다 떠돌아도 그것은 여행이 아니다. 베이글로부터 깨달음을 얻은 에블린은 그 요란스러운 여정에서 먼저 손을 내민다. 다정함이라는 제스처를 가지고 다가가니 모든 것은 녹아내린다.

이혼 결심으로 꽁해진 남편도, 하나라도 잘못된 영수증만 나와도 업장 폐쇄를 명령할 기세인 세무조사원도, 이주자 퀴어로 살아가는 아픔으로 마음을 닫은 딸도, 별 볼일 없는 남자 때문에 고생하는 딸이 미더운 아버지도, 그들의 우주에서는 다 이유가 있다. 이 수천 개의 우주가 모여서 만들어진 지금의 나, 어둡고 외로운 각자의 우주에서 떠도는 이들이 모인 현실은 충돌과 이지러움, 그 자체다. 정신없는 이동에서 에블린은 소박한 것을 깨닫는다. 다들 다정함과 보살핌이 필요하구나, 하는.

딸이 희대의 악당 캐릭터로 분하는 것은 꽤나 직설적이다. 나의 가족은 나의 웬수. 조이가 에블린에게 그런 것처럼, 에블린은 아버지에게 악의 신일지도 모른다. 정신 없는 140분 스크린 여행에서 이게 무슨 영화인지 얼이 빠진 가운데에도 메시지는 고전적이다. 그것은 선택과 후회가 가득한 세상에서도 다정함만 있다면 가족은 사랑스럽다는 것이다. 〈스텔라 달라스〉(킹 비더, 1937)나 〈슬픔은 그대 가슴에〉(더글라스 서크. 1959) 같은 모성을 주제로 한 고전영화들과 유사한 메시지다.

정신 사나운 우주 여행을 경험하면서 나는 세 가지에 감탄하며 충격을 받았다. 하나, 팬데믹 이후 뉴노멀의 영화란 이런 것인가. 둘, 결국 답은 고전에 있는가, 셋, 컨티뉴이티가 없이도 몽타주만으로도 영화가 되는건가.

≪Deadline≫(2023.1.11.)에서는 알폰소 쿠아론, 기예르모 델 토로, 알레한드로 이냐리투 등 3인의 멕시코 출신 스타감독들이 모여 대담을 진행했다. 그들은 〈에에올〉에 대해 "한 세대가 이건 내 시대의 목소리였다고 말할 영화"이고, "1990년대 타란티노, 〈트레인스포팅〉이 한 것과 같은 일을 이 영화가 하고 있으며", "새로운 세대는 영화에 다르게 접근한다는 것을 보여주었다"고 의견을 모았다.

〈에에올〉은 2023년 아카데미상 11개 상에 노미네이트되어 최다 후보를 낸 작품이 되었고, 작품상, 감독상, 각본상, 여우주연상 등 주요부문을 포함하여 7개 부문 트로피를 가져갔다. 2023년 오스카의 새로운 선택은 1970년대 〈미드나잇 카우보이〉, 〈프렌치 커넥션〉, 〈대부〉와 같이 뉴아메리칸 시네마가 기성 영화시대를 교체한 사건에 비견될 것이다. 친구 사이로 함께 뮤직비디오를 만들고, 각본을 쓰며, 영화를 연출하는 다니엘 콴과 다니엘 샤이너트, 이 두 다니엘스는 88년, 89년생 삽십대 초반 젊은 감독이다. 이들는 30대 초중반의 데이미언 셔젤(〈바빌론〉), 아리 애스터(〈미드 소마〉), 샤프디 형제(〈언컷 젬스〉) 등과 함께 젊은 예술영화 감독의 전성기를 열어가고 있다. 독립영화에서 주류로 나아가는 찬란한 길에 오스카는 꽃길을 깔아주었다.

전통 가족 코미디, 마니악한 SF 개그, B급 화장실 유머, 홍콩 무협, 재패니메이션, 뮤직비디오, 마블 슈퍼히어로를 동시다발로 뒤섞으면서 하나로 나아가는 기이한 이 영화는 〈2001 스페이스 오디세이〉, 〈화양연화〉, 〈매트릭스〉, 〈패왕별희〉, 〈인디애나 존스〉, 〈구니스〉, 〈닥터 스트레인지〉, 〈라따뚜이〉 등 온갖 레퍼런스로 가득하고, 그 영화들의 장면을 밈으로 적극 활용한다. 아는 사람은 더 많이 보이고 더 재밌어진다.

〈기생충〉이 김기영과 클로드 샤브롤을, 〈헤어질 결심〉이 마스무라 야스조와 루키

노 비스콘티를, 〈조커〉가 마틴 스코세지와 시드니 루멧을, 〈파워 오브 도그〉가 존 포드와 더글라스 서크를, 〈바빌론〉이 빈센트 미넬리, 진 켈리와 스탠리 도넌을 인용하며 그들로부터 받은 영감을 현대 시네마로 창조했듯이, 다니엘스도 갖가지 레퍼런스에서 착안한다. 그러나 이들은 고전영화에만 묶이지 않고 성룡의 무협영화까지 B급 영화와 문화를 가져오고, 니체식 허무주의 사상과 불교의 우주론까지 엮어버린다. 깊이를 논하는 것은 상관하지 않는다.

이 영화는 서사가 어디로 튀든지 간에 밈과 짤로 이어진 몽타주의 향연으로도 영화가 될 수 있음을 보여준다. CG를 가져와서 매끄럽게 이야기를 이어붙이기보다는 조형성을 이용한 컷 편집만으로도 현대 젊은 관객은 스토리 진행을 이해한다. 이런 방식이 조악하게 여겨지기보다 웃긴 개그로 받아들여지는 것이 동시대 영화문화다.

거기에 아시아 여성 같은 마이너리티 주인공이나 이민자 서사는 이제 더 이상 슬프고도 감동적인 요소가 아님을 입증한다. 〈조이럭클럽〉(1993), 〈결혼피로연〉(1993), 〈페어웰〉(2019)과 같은 시노 디아스포라 영화들이 부모와 자식이 문화 장벽과 세대 차이로 갈등하다 끝내 봉합하는 전형적인 가족 드라마였다면, 〈에에올〉은 디아스포라 가족 드라마 위에 B급 정서를 얹어서 웃기고도 맛있는 조합을 만들어내기에 범세계적 대중성을 가진다.

모든 것은 이유가 있고 아름답다. 어디에 있건 나름 숭고한 행복이 있다. 차가운 돌들도 움직이게 할 만큼 가족과 이웃의 다정한 보살핌은 우주도 뒤흔든다. 각자의 우주에서 외롭게 삶을 헤쳐나가는 이들은 가족과 이웃이라는 공동체로 확대된다. 몇 년간의 고립과 격리로 힘든 우리 모두가 잊고 지내왔던 것이 무엇인지 떠올리게 하는 뭉클하고도 웃긴, 혼란스러운 영화다.

# 이중구속의 상처가 웅성이는 집

## 〈더 웨일〉 대런 아로노프스키

안숭범

(영화평론가, 경희대 교수)

〈더 웨일〉은 대런 아로노프스키의 필모그래피에서 가장 조용하고 정적인 영화다. 그러나 수사적 완결성의 측면에서 가장 인상적인 엔딩을 가진 작품이다. 〈더 웨일〉은 스스로를 학대하고 처벌하는 방식으로 인생을 방기해온 주인공의 극적인 구원을 다룬다. 그는 울혈성 심부전증으로 사실상 시한부 선고를 받는다. 누군가의 도움없이는 정상적인 생활이 불가능할 정도로 초고도비만 환자이기도 하다. 예고 없이 그의 몸을 옥죄는 임박한 죽음의 신호는 스스로를 향한 억압과 폭력이 축적된 결과다. 그렇다면 그를 향한 '극적인 구원'은 어디에서 오는 것일까. 이 글은 대런 아로노프스키가 준비한 마지막 장면, 그 인간적인 '에피파니(epiphany)'의 순간을 해명하기 위한 시도다.

〈더 웨일〉은 어두컴컴한 찰리의 집 안에서 시작되어 그 집을 떠나지 않고 마무리된다. 앉은 자리를 좀처럼 이탈할 수 없는 찰리를 두고 카메라도 부산하게 움직일 일이 없다. 세상과 단절된 듯한 집 안의 풍경은 찰리의 폐쇄적인 내면을 치환하고 있다. 그 공간 안을 다녀가는 사람은 모두 네 명이다. 그들은 모두 다른 사연을 갖고 있지만 찰리와 유사한 내면의 과제를 감당하고 있는 것처럼 보인다. 그들은 실질적 부재(죽음), 혹은 상징적 부재의 자리, 곧 해결 불가능한 상실의 기억과 다투고 있다. 그 문제를 해결하기 위해서는 공백이 된 이름을 다른 무언가로 대체해야 한다. 그렇게 보면 〈더 웨일〉은 자아의 절박한 과제로서 애도에 관한 영화다.

그러나 그들이 겪고 있는 상처는 자아를 피폐하게 하는 이중구속의 상황을 낳는다. 카메라는 찰리 한 사람에게 집중하는 듯하지만, 찰리의 집을 방문하는 네 명의 방

문자들 역시 애도의 필연성과 애도의 불가능성 사이에 끼인 존재들이다. 그들 각자가 경험하고 있는 이 이중구속의 상황을 파악하는 것은 중요해 보인다. 그들은 '이제 거기 없는 대상'으로부터 리비도를 전환해야 하는 숙제 앞에서 각자

의 방식으로 서로를 간섭하며 부대낀다. 그들 간에 일어나는 에피소드는 찰리를 사이에 두고 진행되는데, 결과적으로 엔딩 장면의 메시지는 찰리뿐만 아니라 그들 모두를 향한다고 할 수 있다.

〈더 웨일〉에 등장하는 인물들을 하나씩 살펴보기로 한다. 주인공 찰리는 사랑스러운 8살 딸 엘리를 데리고 안정적인 가정을 꾸리고 있었다. 그런데 8년 전, 동성 제자(앨런)를 통해 자신의 성적 지향을 재인식하게 되고 가족을 등지게 된다. 그런데 곧바로 앨런이 자살을 하고, 그는 삶의 의지를 상실하게 된다. 폭식은 자책과 증오, 회한과 허무로 얼룩진 내면이 낳은 습관이다. 돌이킬 수 없을 정도로 살이 찐 후 찰리는 보행 보조 기구가 없으면 한 걸음도 내디딜 수 없게 된다. 급기야 그는 세상과 차단된 삶을 택하고는 고립을 자처한다. 그가 맡고 있는 대학 온라인 작문 강의 중에도 카메라를 켜는법이 없다. 매일 먹는 피자 배달비도 배달원에게 직접 건네는 대신 우편함에 넣어둔다. 그에게 숙제가 된 부재의 자리에는, 사랑했으나 이제는 다시 볼 수 없는 앨런이 있고, 법원의 접근금지명령에 의해 벌써 8년이나 만나지 못한 딸 엘리가 있다. 이러한 사정은 생전 모습으로 보존되어 있는 앨런의 방과 창밖의 새를 위해 찰리가 놓아둔 먹이 접시가 각각 방증한다.

긴 시간 찰리의 곁을 지켜온 전담 간호사 리즈 역시 지난한 애도 과정을 견디는 중이다. 나중에 밝혀지는 사실이지만, 지금은 세상에 없는 찰리의 연인 앨런이 그녀의 오빠다. 리즈는 찰리의 체중과 건강 상태를 체크하며 항상 그를 걱정한다. 그러나 그가

먹고 싶은 것을 챙겨주는 유일한 친구이기도 하다. 리즈가 감당해야 하는 부재의 자리에는 앨런이 있다. 그런데 리즈의 애도작업은 단순하지 않다. 앨런에 대한 그리움의 반대편에는 그에게 폭력적 억압이 된 종교단체(새생

명선교회)와 자기 가족이 있기 때문이다.

〈더 웨일〉에서 서사적으로 흥미로운 촉매가 되고 있는 젊은 선교사 토마스도 주목을 요한다. 그는 우연히 가정 방문 전도를 하다가 찰리의 집에 들렀고, 영혼 구원의 일념에 사로잡히게 된다. 그는 부모의 영향 아래 새생명선교회의 충성스러운 일원으로 자라왔고 영화 중반까지 종교적 교리에 충실한 순수한 청년의 이미지로 비친다. 그러나 영화 후반부의 정보에 따르면 그는 헌금과 전도 방식 문제로 새생명선교회와 다툰 후, 헌금을 훔친 인물이다. 지금도 고향과 가족, 신앙공동체를 피해 도망다니는 처지에 있다. 지금 그는 신을 향한 믿음으로 연결된 이상적인 신앙공동체와 가족이 있던 자리를 공백으로 느끼고 있다.

〈더 웨일〉의 중요한 전환점에 등장하는 인물은 벌써 고등학생이 된 찰리의 딸 엘리다. 17살 엘리는 학교에서 퇴학 위기에 놓여 있고, 자신과 관계 맺는 모든 존재와 불화하고 있는 것처럼 보인다. 그녀의 악담에 가까운 대사들을 통해 짐작해보건대, 그녀의 공격적이고 반항적인 성격은 부모의 이혼과 무관해 보이지 않는다. 특히 찰리에 대한 배신감은 세상에 대한 원망과 적개심의 동인이다. 그녀는 아빠의 전 재산 12만 불을 받는 조건, 학교에 제출해야 하는 에세이를 대필 받는다는 전제로 8년 만에 찰리와 소통하게 된다. 그 과정에서 그녀는 자기를 버린 아빠를 향한 리비도를 철회하지 못했음을 드러낸다.

지금까지 언급한 인물들은 '대상 상실-애증의 병존-자아로의 리비도 퇴행' 과정을 각자의 현실에서 가시화하는 중이다. 이는 앨런에게 남편을 빼앗긴 메리(찰리의 전처)도 마찬가지다. 그들은 각기 개성적인 삶의 태도를 드러내지만, 극복하기 힘든 상처와 싸우고 있다는 점만큼은 공통적이다. 눈여겨볼 대목은, 찰리와 엘리가 애도의 불가피한 요청이 낳는 내적 반발감을 완전히 상반되는 방식으로 다뤄왔다는 것이다. 상처와 분노를 안으로 삭여온 찰리는 자기 학대와 처벌을 택했고, 엘리는 자기를 둘러싼 모든 것을 향한 공격으로 전환해 왔다.

　찰리가 온라인 작문 강의 때 반복하는 주제는 '솔직함'과 관련된다. 영화 후반, 토마스도 '솔직함'의 힘을 경험한다. 의도하진 않았지만, 엘리의 고자질에 의해 솔직한 자기 심경이 고향(부모, 새생명선교회 등)에 전달되면서 그는 구원의 가능성을 얻게 된다. 그러나 그는 끝내 극한의 궁지에 몰린 인간(찰리)을 구원하는 데에는 실패한다. 신의 언어를 빌려 말하지만, 그는 찰리의 솔직한 본 모습에 관심이 없다. 〈더 웨일〉의 엔딩은 그간 위태하게 살아온 찰리를 견디게 한 힘이, 엘리가 『모비 딕』을 읽고 쓴 에세이, 곧 솔직한 감상이 담긴 구절들이었음을 환기시킨다. 그 글 속에서 증오와 복수의 일념으로 살아온 에이해브 선장은 엘리인지도 모른다. "불쌍하고 큰 짐승"으로 묘사되는 백고래는 찰리인지도 모른다. 그런데 '에이해브 선장'과 '백고래'의 자리에 〈더 웨일〉에 등장하는 인물들을 번갈아 대입하고 나면, 불가피하지만 또한 불가능한 애도작업 '들'의 결이 입체적으로 읽힌다.

〈더 웨일〉 엔딩에서 엘리는 찰리의 고독했던 세월을 비로소 이해한 것처럼 보인다. 엘리가 열어젖힌 문밖에서 시종일관 어두웠던 찰리의 집 안으로 축복처럼 빛이 쏟아져 들어온다. 찰리는 엘리에 대한 그리움의 세월에 합당한 연민과 동정을 받게 된다. 그 순간 사회적 외톨이가 된 엘리를 옹호하며 "내 인생에서 잘한 일이 하나라도 있단 걸 알아야겠어!"라고 절규하던 찰리는 구원의 가능성을 얻게 된다. 아빠의 마음을 헤아리는 딸로 돌아온 엘리를 통해 가장 큰 부재의 자리가 해결된 것이다. "넌 내 인생 최고의 작품이야"라는 찰리의 대사 이후 엘리도 끝내 상징화할 수 없었던 내면의 억압적 공백을 지우게 된다. 엘리는 자신이 썼던 에세이를 두고 "그 에세이는 너야"라고 말하는 아빠로부터 다른 미래로 갈 수 있는 가능성을 획득한다. 한편 엘리의 목소리로 읊어진 "이 책을 읽고 내 삶을 생각하게 됐다"라는 대목에서 찰리는 평화로운 죽음을 예감한다. 그는 8살 엘리, 아내 메리와 함께 행복했던 바닷가 소풍 장면이 있는 곳으로 부름을 받는다.

이 순간은 토마스가 찰리를 향해 품었으나 실패한 장면이고, 찰리의 곁을 헌신적으로 지켜온 리즈는 감당할 수 없었던 장면이다. 인생 전체의 회한이 묻은 마지막 사과(찰리)와 새로운 인생을 건 최초의 용서(엘리)가 목적지에 정확히 가닿는 초월적·영적인 장면이다. 이 쇼트를 비약적 봉합이라고 평가하는 것에 동의하기 어렵다. 이 장면은 대런 아로노프스키의 이전 영화에서 볼 수 없었던 미학적 갱신이다. 〈더 웨일〉을 지나쳐버린 이들이, 이 비범한 엔딩에서 영화가 줄 수 있는 심미적 위로의 한 가능성을 만날 수 있길 바란다.

# 동시대의 영화, 그 존재의 이유

## 〈바빌론〉 데이미언 셔젤

윤필립

(영화평론가, 세종사이버대학교 한국어학과 초빙교수)

오티티(OTT)의 보편화 덕분에 관객들이 영화를 대하는 방식이 달라지면서 갑작스럽게 영화란 무엇인가라는 구태의연한 질문으로 회귀하게 되었다. 최근 들어 이러한 사유를 담은 작품들이 많아지는 이유이기도 한데, 일본 영화 〈카메라를 멈추면 안 돼〉(우에다 신이치로, 2018), 〈거미집〉(김지운, 2023) 등을 그 예로 들 수 있겠다. 그 가운데 할리우드 영화 〈바빌론〉(데이미언 셔젤, 2023)은 '과연 영화의 영화로운 시대는 끝난 것일까?'라는, 영화의 존재 이유와 그 의미에 대한 물음을 근간으로 하고 있어 눈에 띈다. 물론 이러한 의문에 대한 답은 정해져 있다. 즉, 그 개념과 의미가 변모할 뿐 각 시대가 요구하는 '영화'는 늘 그 요구대로 '영화롭게' 존재할 것이란 사실이다.

바로 이 극명한 사실을 셔젤은 〈바빌론〉을 통해 자신만의 사유를 영화의 역사와 함께 쏟아 놓는다. 영화의 시작과 현재를 사적(史的)으로 훑고 있음에도 그 이야기가 지루하지만은 않은 것은, 영화사와 함께 한 시대를 풍미한 두 남녀의 연애사가 연대기처럼 펼쳐지기 때문이다. 이 강렬하면서도 매혹적인 이야기는 무성영화 전성기인 1920년대 할리우드의 어느 휘황찬란한 파티장에서 시작한다.

할리우드 영화 시장의 활황기, 영화를 동경하는 매니(디에고 칼바)는 매일 밤 격렬하게 치러지는 영화 관계자들의 파티장에서 책임감 있게 일한다. 그러다 마치 행운처럼 당대의 명배우 잭 콘래드(브래드 피트)의 눈도장을 받게 되고, 갑작스런 자동차 사고처럼 넬리(마고 로비)와도 운명적인 조우를 하게 된다. 배우를 꿈꾸던 넬리는 그렇게 잭을 등에 업은 매니 덕분에 영화에 출연하게 되고, 이 셋은 영원할 것만 같은 행복을 누린다. 그런데 아이러니하게도 영화 기술의 발전은 밝게 빛났던 무성영화 배우들의 빛을 조금씩 앗아가고, 그러한 현실 앞에서 잭과 넬리 그리고 그들을 지켜보는 매니는 흔들리기 시작한다.

셔젤이 이 이야기를 '바빌론'으로 명명한 이유는 1920년대의 할리우드가 마치 황홀하면서도 위태로운 고대도시 바빌론과 닮아 있기 때문이다. 누구도 그 멸망을 예상하지 못했던, 그러나 멸망할 수밖에 없었던 세계사 속의 바로 그 도시. 〈바빌론〉에서 이 도시와 가장 닮은 인물들은 잭과 넬리이다. 극 중 무성영화 시대의 영웅들인 잭과 넬리는 기술의 발전과 함께 급격히 변모하는 영화 제작 방식에 적응하지 못한 채 방황하기 때문이다. 한편으로는, 이는 지금의 영화계를 보는 듯한 기시감이 들기도 한다. 각종 뉴미디어와 오티티의 범람 속에 성장 동력을 상실한 채 부유하고 있는 그 현장. 소비자로서의 '대중'에게 초점을 두고 변모하는 영화산업 현장에 어떻게든 적응하려 발버둥치는 그 현장. 그럼에도 영화가 지니는 '예술'로서의 본성과 가치는 포기할 수 없어 몸부림치는 그 현장.

그러나 기억해야 할 것은 고대 도시 바빌론은 멸망했지만 영화의 고장 할리우드는 여전히 건재하다는 것이다. 이러한 관점에서 궁극적으로 감독은 〈바빌론〉을 통해 '영화'의 암울한 미래가 아닌 희망을 찾아내려 애쓴 것 같다. 감독의 이러한 면모는 영화 속 매니라는 인물을 통해 그려진다. 극의 종반부에는 영화를 향한 꿈과 열정을 탕진한 채

평범하게 살아가던 매니가 가족과 함께 극장을 찾는 모습이 그려지는데, 이때 매니는 스크린 속 영화를 보며 〈시네마 천국〉(쥬세페 토르나토레, 1990)의 토토처럼 지난 삶을 회상한다. 이 장면 속의 매니처럼 누군가는 여전히 영화를 통해 과거를 느끼고 현재를 읽어 내며, 누군가는 아직도 영화 안에서 희망을 발견하며 그것에 생의 모든 열정을 쏟아내고 있다.

글을 맺으며, 〈바빌론〉의 잭과 넬리 그리고 매니를 통해 알 수 있는 것은, 영화를 영화답게 만드는 것은 그것의 예술성과 대중성이라는 사실이다. 이러한 점에서 동시대의 영화가 산업적·경제적 측면에서 그것을 소구하는 대중들의 관심에만 지나치게 치우쳐 있다는 사실은 다소 우려된다. 현대사회의 자본에 대한 거대한 욕망은 이러한 경향을 앞으로 더욱 가속화할 것이기 때문이다. 물론 영화가 대중예술이라는 점에서 제작집단이나 평단과 같은 영화 전문가들의 이론적·예술적 자존심만으로 유지되고 발전하기는 어려운 것이 사실이나 셔젤의 〈바빌론〉 속 인물들처럼 동시대의 영화계가 영화에 대한 진심만은 잃지 않았으면 한다.

# 영화라는 '경지',
# 그에 함께하는 '순례'

## 〈파벨만스〉 스티븐 스필버그

이동준
(영화평론가)

〈파벨만스〉는 그동안 출간된 스티븐 스필버그의 여러 전기들과 비교해 보았을 때 자주 언급되는 그의 인생사 주요 에피소드들이 그대로 등장한다. 유아기 시절 8미리 카메라와 장난감 기차로 기차 충돌 장면을 찍으며 영화를 시작한 데부터 여동생들을 놀래키며 영화를 찍은 일화들, 부모의 이혼과 유대인이라는 이유로 학교 폭력을 당하면서 겪는 인생의 전환점까지가 순차적으로 펼쳐진다. 그러나 스필버그는 자기 이름대신 주인공에게 '새미'라는 이름을 지어주고, 이야기꾼을 뜻하는 '페이블만'라는 의미심장한 성씨를 붙였으며, 어머니와 아버지의 친구 '베니 삼촌'과의 불륜 및 '보리스 할아버지' 등 가공의 일화들을 추가했다. 이는 영화가 모두가 알고 있는 감독의 자전적 이야기이면서도 영화예술과 감독으로서 인간의 상관관계를 표현하는 한 편의 우화임을 밝히는 힌트이다.

영화의 시작부터 작품의 주제이자 플롯을 단번에 보여주는 장면이 등장한다. 기차 충돌 영상을 찍는데 영향을 준 것으로 나타나는 영화 〈지상 최대의 쇼〉(1952)를 보는 장면에서, 역광으로 비추는 영사기 빛이 새미 머리 뒤에서 후광처럼 나타나고, 빛에 둘러싸인 새미의 얼굴은 화면 가득 로우 앵글 바스트샷으로 비춰진다. 그 모습은 마치 종교적 경지를 체감하는 성자의 이미지처럼 보인다(물론 이는 스필버그가 그동안 인물들을 연출해 온 방식이기도 하다.). 실제로 스필버그의 영화들은 얼핏 종교 신화와 유사한 구조를 지닌다. 모든 영웅 서사가 신화에서 기반한 것은 당연하지만, 스필버그는 영상에서부터 종교 서사, 특히 유대교와 기독교 신화를 연상시키는 연출을 선보인다. 그의 주인공들은 갈등을 해결하는 것을 넘어 성자처럼 주변에 가르침을 주고 변화시킨다.

오히려 변화하는 캐릭터들은 주인공이 아닌 주변 캐릭터들이다. 물론 주인공이 변화하는 경우들도 있지만, 이에서 성자는 주인공이 아닌 악당 및 조연이거나(〈쥬라기 공원〉(1993)에서의 공룡들, 〈레디 플레이어 원〉(2017)에서의 가상현실 창시자 '할리데이'

등), 〈쉰들러 리스트〉(1993)와 같이 아카데미 작품상을 노리고 만든 작품들의 경우다.

그렇다면 이번 〈파벨만스〉에서는 성자와 같은 캐릭터는 누구일까? 이번 작품도 아카데미를 겨냥해 만든 만큼 주인공 새미가 바로 그이다. 그는 성자들이 거치는 모든 과정들을 경험한다. 새미는 영화라는 종교적 경지를 일찍이 체해 외길 인생으로 영화 제작에 몰두하나, 그 과정에서 보리스 할아버지로부터 예술가로서의 고달픈 삶에 대해 듣기도 하고, 자신이 찍은 가족 여행 필름에서 어머니의 불륜을 발견한다. 이런 과정은 일종의 '고행'과 같다. 그 일들로 영화를 그만두려고 다짐하지만 애정을 버리지 못하고 졸업 무도회에 상영되는 "땡땡이의 날" 영상 제작을 계기로 다시 영화라는 경전으로 되돌아온다. 여러 어려움이 있었지만 포기하지 않은 결과 부모님도 그를 인정해주고, 유대인이라며 자신을 혐오하던 일진과 친구가 되며, 여자 친구와 헤어지지만 진로를 응원받는다.

영화예술가로서 새미와 영화예술에 대한 상관관계를 직접적으로 보여주는 진짜 고행은 졸업 무도회 장면이다. "땡땡이의 날" 영상 작업을 하면서 그는 자신의 능력인 동시에 모순을 경험하게 되는데, 자신에게 폭력을 가했던 일진을 '레니 리펜슈탈'의 영화 속 나치 영웅들처럼 묘사한 것이다. 그 영상을 스스로 본 새미는 자기는 영화를 할 수 밖에 없도록 만들어진 것 같다며 괴로워한다. 이 지점에서 많은 평론가들이 이 영화를 스필버그가 자신은 영화를 위해 태어났다고 자신하는 영화라고 평하곤 하였다. 그러나 영화의 주제는 그것이 아니다. 새미-스필버그에게 있어 영화-예술은 흔들리는 가정과 유대인이라는 이유로 섞이지 못하는 환경을 대신하는 친구이자 가족인 셈이다. 그러나 이는 현실 대신 영화를 선택한 새미의 일생일대 고행의 시작이 된다. 〈파벨만스〉는 자전적 이야기라는 틀 아래서 영화라는 '종교'와 사랑에 빠져 그 '경지'를 향해 '순례'

를 하는 과정을 그린 회고록이자 자아성찰이다.

영화의 마지막, 새미는 신과 같은 존경하는 감독 '존 포드'를 직접 만난다. 그로부터 (영화가 아닌)예술에 대한 짧지만 명료한 조언에 큰 감명은 새미가 당당하게 할리우드 스튜디오를 걷는 모습에서 영화는 끝난다. 이 결말에서도 눈에 띄는 장면이 등장한다. 새미가 스튜디오 거리를 걷는 모습을 정중앙에 놓고 소실점으로 촬영하던 카메라는 포드의 가르침대로 '흥미로워 보이는' 로우앵글로 순간적으로 이동하여 그를 화면 하단에 위치시킨다. 객관적 눈이어야 할 카메라를 인위적으로 움직임으로써 금기가 깨지고 제4의 벽이 무너지는 순간이다. 스필버그는 왜 이런 장면을 넣었을까? 그것은 오히려 이것이 허구라고 각성시키는 것이 아닌 마지막까지 증명해 보이고 싶은 영화에 대한, 예술에 대한 애정일 것이다.

스튜디오 거리를 걷는 샘의 마지막 모습은 곧 스필버그가 스튜디오에서 일하기 시작해 지금의 거장 자리에 오르는 새로운 시작이다. 그리고 그는 포드의 방식이 아닌 자신만의 예술로 이 장면을 찍는 현재까지 왔다. 그러나 존경하는 거장의 조언을 한 번이라도 실천하기 위해, 금기를 어기면서라도 카메라를 움직인 것이다. 이 금기의 파괴는 점은 중요한 지점이 되는데, 이가 역설적이게도 예술의 가치를 완성해 보여주기 때문이다. 이 모든 것이 '영화'임을 보여줌으로써 아이러니하게 영화 예술이 정녕 무엇인가를 알리는 이 역설은 스필버그가 자신의 평생을 지배해온 영화 예술에 대한 근엄한 애착으로부터 이제는 보다 자유로워졌음을 보여주기도 한다. 그리고 그를 '보는' 관객이 함께하면서 스필버그의 순례이자 '복음'은 완성된 것이다.

# 규모는 수동성을
# 구출할 수 있을까

## 〈아바타: 물의 길〉 제임스 카메론

이현재
(영화평론가)

20억 달러(약 2조 6500억원). 22년 11월 제임스 카메론이 GQ와의 인터뷰를 통해 밝힌 〈아바타: 물의 길〉(이하 〈아바타2〉)의 손익분기점이었다. 22년 당시 역대 영화 흥행 5위에 이름을 올려두었던 〈어벤저스: 인피니티 워〉의 흥행 수익이 약 20억 5250만 달러였다. 즉, 〈아바타2〉가 손익분기점을 넘기 위해서는 최소 역대 영화 흥행 수익 5위에 들어야 한다는 이야기였다. 가히 천문학적인 수준의 손익분기점을 두고 수많은 기자와 영화 관계자는 〈아바타2〉의 실패를 전망했다. 제임스 카메론 또한 GQ와의 당시 인터뷰를 통해 "(〈아바타2〉는)헐리우드 역사상 최악의 비즈니스 모델"이라고 자평했을 정도였다. 그러나 모두가 알다시피 제임스 카메론의 도전은 해피엔딩으로 끝났다. 〈아바타2〉의 최종 흥행 스코어는 약 23억 1850만 달러(약 3조 900억원). 역대 영화 흥행 수익 3위에 이름을 올렸다. 극장에서만 약 5억 3100만 달러의 순수익(약 7000억)을 창출한 기록이었다. 부가판권 및 기타 수익을 생각한다면 1조 원(약 7억 5700만 달러)의 순수익도 어렵지 않게 상상해볼 수 있는 결과이기도 했다.

영화산업사에 한 획을 기은 기록임에도 불구하고 〈아바타2〉의 흥행은 단순히 산업의 관점에서 분석하기 어려운 부분들이 있다. 단순하게는 〈아바타2〉의 3시간 12분에

달하는 러닝타임을 생각해볼 수 있다. 심야상영시간까지 포함한다 해도 한 상영관 당 〈아바타2〉를 걸 수 있는 횟수는 4회, 아주 많아야 6회에 불과하다. 국내를 기준으로 생각해본다면, 스크린 당 평균 좌석수는 약 140석이며 평균 관람요금은 1만5000원이다. 〈아바타2〉가 한 상영관에서 하룻동안 창출할 수 있는 수익은 약 1천50만원에 불과하다. 국내에 있는 모든 스크린(약 3500개…〈아바타2〉의 최대 상영관 확보는 4340관이었다)에서 모두 아바타를 상영한다고 해도, 전타임 전좌석 매진이라는 가정 하에 손익분기점에 도달하기 위해서는 대략 20일이 필요하다. 결국, 〈아바타2〉의 손익분기점은 오랜 기간동안 낙폭이 크지 않은 상태로 흥행하지 않았다면 불가능한 사업 목표. 결국 〈아바타2〉가 달성한 목표와 성과를 설명하기 위해서는 "왜 사람들은 '아바타'를 보러 가는가"라는 질문에 답할 수 있어야 한다.

위의 질문에는 크게 두 가지 논점이 얽혀있다. 하나는 '아바타'라는 프랜차이즈가 지닌 3D라는 상영포맷에 대한 소구다. 영화는 오랫동안 볼거리를 제공하는 매체이자 엔터테인먼트 산업으로서 자리를 공고히 해왔다. 영화는 특히 현실을 재현하고자 하는 욕망이 결부된 매체로 오랫동안 논의되어 왔다. 그 중에서도 3D는 세계와 객체를 있는 그대로 재현하고자 하는 일종의 강박관념, 즉 인간의 인지를 벗어난 재현양식으로 비춰지기도 했다. 이는 본질적으로 앙드레 바쟁이 「사진적 이미지의 존재론」에서 지적한 '사진기의 냉혹함'을 잇는 기술이기도 했다. 〈아바타2〉가 '사진기의 냉혹함'을 계승한

미학을 선보였다고 하기엔 무리가 있겠으나, (좋은 의미든 나쁜 의미든)〈아바타2〉가 일상의 인지를 벗어나는 볼거리를 제공했다는 사실 만큼은 부정하기 어려워 보인다. 그리고 "일상의 인지를 벗어나는 볼거리"라는 것에 두 번째 논점이 있다. 여기에는 〈아바타2〉의 러닝 타임이 얽혀있다.

3시간 12분 동안 벽으로 차폐된 공간 속에서 50cm가 약간 넘는 의자에 앉아있어야 한다는 불편을 기꺼이 감수하는 일에는 필연적으로 수동성이라는 영화 매체의 속성이 개입된다. 다른 관점으로 보자면 "일상의 인지를 벗어나는 볼거리"를 위해, 다시 말해 "일상의 인지"를 밀어내기 위해 〈아바타2〉는 그만큼 긴 러닝타임을 필요로 했을 수있다. 스탠리 카벨은 관객이 통제할 수 없는 이미지를 통해 "영화는 그 자체로 세계의 전시를 약속한다"고 지적했다. 〈아바타2〉의 목표와 성과는 이제 "통제할 수 없는 이미지"를 생산하기 위해 그만큼 강력한 수동성이, 그리고 그 수동성을 위해 거대한 규모의 자본이 필요해졌다는 점을 지목한다. 그럼 그 수동성이란 속성은 그만한 규모에 어울리는 가치를 수행하고 있는가? 〈아바타2〉의 성과는 결과가 아닌 질문으로 우리에게 되묻고 있다.

KOREAN

FILM

CRITIQUES

Korean Film Critiques

# 신인평론상

**최우수 김윤진**

[장평]  영화 속 식인과 살인을 둘러싼 카니발리즘적 욕망에 대하여
– 〈로우(Raw)〉와 〈본즈 앤 올(Bones and All)〉을 중심으로

[단편] 〈물안에서〉가 암시하는 관객의 (그리고 영화의) 운명에 대하여

수상소감

**우수 송상호**

[장평] 정주리 감독론 : 찰나의 생성 지대

[단편] 〈범죄도시 3〉, '마석도'가 되려는 마동석 vs 마석도가 '되려는' 마동석

수상소감

**심사평**

# 영화 속 식인과 살인을 둘러싼
# 카니발리즘적 욕망에 대하여

- 〈로우(Raw)〉와 〈본즈 앤 올(Bones and All)〉을
중심으로 -

**김윤진**

어느 순간부터 불쾌함을 넘어 역겨움과 혐오감을 자아내는 묘사들이 영화에서 하나둘 등장하기 시작했다. 이들은 주로 피범벅이 된 신체, 절단된 팔과 다리, 심지어 내장 기관이 노출된 시체 등의 형상으로 나타나며, 그럴듯한 당위를 제시하기를 거부한 채로 자신을 주장하듯 전시한다는 것을 특징으로 한다. 흔히 고어(gore)물 또는 보어(vore)물이라고 분류되는 이러한 범주는 과거 하위문화에서 시작되었으나, 최근에는 그 범주를 확장하며 대중문화의 주류로 부상하고 있다. 이들은 식인, 살인, 고문 등의 소재를 넘어 좀비, 괴물, 악마 등의 형상과 결합하며 장르를 불문하고 점점 더 빈번하게 목격되고 있다.

〈로우(Raw)〉(2016)와 〈본즈 앤 올(Bones and All)〉(2022)은 식인(카니발리즘)을 소재로 삼아 고어적이고 보어적인 묘사를 가감 없이 선보이는 영화이다. 흥미로운 점은 이들 두 영화 모두 이제 막 성인이 된 여자를 주인공으로 삼고 있다는 점이다. 〈로우〉는 이제 막 수의대에 입학한 저스틴(가렌스 마릴러 분)이 겪는 경험을 다루고 있으며, 〈본즈 앤 올〉은 졸업을 앞둔 18살의 매런(테일러 러셀 분)이 홀로 여정에 떠나는 이야기를 담고 있다. 따라서 어떤 의미에서 그녀들은 아직 완전한 인간이라고도 할 수 없다. 말하자면, 그녀들은 식인종과 인간의 경계에 놓여 있는 셈이다. 이처럼 두 영화가

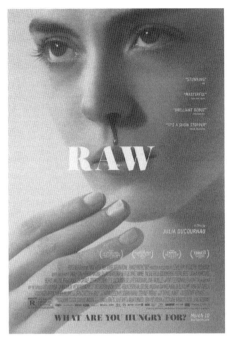

공유하는 주인공과 소재 간의 이질적인 조합은 곧 영화의 장르적인 연출에 대한 기대치를 끌어올리게 하는 요인으로 작용한다.

따라서 누군가는 두 영화를 고어적인 또는 보어적인 이미지로서 소비하려는 의도를 가지고 선택할지도 모른다. 그러나 만일 그렇다면, 그들의 의도는 이내 실패하게 될 것임이 분명하다. 왜냐하면 먹고 먹히는 것을 골자로 하는 카니발리즘적인 욕망은 식인을 **금기**로 설정함으로써 비로소 작동 가능한 것이기 때문이다. 따라서 의도가 결여된, 본능의 발현일 뿐인 그녀들의 식인 현장에서 마주하게 되는 것은 그것이 더 이상 금기로 기능하지 못한다는 사실 뿐이다. 동시에 우리와 다르지 않은 그녀들의 모습을 보며 깨닫게 되는 것은, 더는 그들을 우리로부터 또는 우리를 그들로부터 구별해낼 수 없다는 사실이다. 따라서 그녀들을 우리와 구별되는 대립항으로 설정함으로써 두 영화를 (그리고 그녀들을) 소비하려는 욕망은 이내 그 동력을 상실하고 말 것이다.

실제로 줄리아 듀코나우 감독은 〈로우〉가 결코 공포(horror) 영화가 아니라고 강조한다(물론 그것의 장르는 공포(horror)로 분류되어 있지만 말이다). 또한 〈본즈 앤 올〉을 본 관객들은 영화가 공포물이라기보다 로맨스물에 가깝다는 데에 기꺼이 동의한다. 심지어 이들은 입 모아 그것의 아름다움에 대해 말한다. 피가 흐르고 살점이 뜯기는, 심지어 내장이 파헤쳐진 이미지에서 어떻게 아름다움을 발견해낼 수 있는 것일까? 이러한 지점은 〈로우〉와 〈본즈 앤 올〉을 여타의 고어물 또는 보어물과 구분하게 만드는 지점이자, 동시에 식인을 소재로 한 기존의 영화들과 구별되게 만드는 지점이기도 하다. 본 고에서는 이를 자세히 살펴봄으로써 두 영화가 제시하는 새로운 구분법에 대하여 알아보고자 한다.

## 1.

〈로우〉의 주인공 저스틴은 극단적인 채식주의자다. 음식에 섞인 고기 한 조각도 용납하지 않는 그녀의 식성은 부모로부터, 특히 엄마로부터 영향을 받은 것으로 보인다. 그러나 가족의 곁을 떠나 수의 학교에 입학하게 되면서, 그녀는 태어나 처음으로 날고기를 맛보게 된다. 폭력과 강압이 난무하는 신입생 환영회에서 전통이라는 명분 아래 그녀는 토끼의 콩팥을 생으로 먹게 되고, 말의 피를 온몸에 뒤집어쓴다. 그날 이후로 발진과 두드러기에 시달리던 저스틴은 점차 육식에 대한 강한 욕망에 사로잡힌다. 냉장고에서 꺼낸 생고기를 뜯어 먹는 모습이나, 양념 된 고기에 홀린 듯 손을 가져가는 모습은 인간의 형상이라기보다는 짐승의 그것에 가깝다. 우연히 마주친 교통사고 현장에서 그녀의 시선은 어느새 피 흘리는 신체를 쫓기에 이른다. 어떠한 의지도 개입되지

않은 듯한 그녀의 몸짓은, 이윽고 눈앞에서 절단된 신체를 마주한 순간 극대화된다.

눈앞에서 언니 알렉스(엘라 룸프 분)의 손가락이 잘리는 사고를 목격한 그녀는 크게 놀라지만 이내 평정심을 찾으려 애쓴다. 전화를 걸어 구조대를 부르고, 조언에 따라 잘린 손가락을 찾는 그녀의 대처는 꽤 적절한 듯 보인다. 우리는 여기에서 어떤 이질감도 발견할 수 없다. 긴장감은 오히려 그녀의 곁을 맴도는 알렉스의 개에게서 기인하고, 저스틴이 잘린 손가락을 찾는 데 성공하자마자 긴장감은 다소 잦아든다. 따라서 우리는 이 장면에서 다음 장면으로의 이행을 결코 예상하지 못할 것이다. 이미 〈로우〉가 식인 욕망에 관한 이야기라는 사실을 알고 있음에도 말이다. 손가락의 행방이 드러나며 관객이 안도하는 순간, 영화는 보란 듯 우리의 예상을 단번에 뒤엎는다. 얼음을 찾던 저스틴은 별안간 행동을 멈추고, 잠시 고민하는가 싶더니 이내 피가 뚝뚝 흐르는 잘린 손가락에 홀린 듯이 입을 가져다 댄다. 그리고 그것을 아주 맛있게 먹기 시작한다. 그녀의 행동에서는 어떤 의도나 목적도 발견되지 않는다. 그녀는 마치 그것이 당연한 수순인 것처럼 본능적으로 그렇게 한다.

듀코나우 감독의 연출력이 극에 달하는 이 장면에서 느껴지는 강렬함은 단지 그녀가 먹어선 안 될 것을 먹는다는 데서 비롯되는 것만은 아니다. 즉, 그녀가 다른 인간의 신체를, 그것도 자신과 혈연관계인 언니의 손가락을 먹음으로써 이중으로 금기를 위반하는 데서 비롯되는 것이 아니다. 또는, 그것을 짐승처럼 게걸스럽게 먹는다는 데서 비롯되는 것도 아니다. 관객이 경험하는 강렬함은 그녀가 그것을 먹게 되는 이유를 깨닫는 순간 극대화된다. 자기도 모르게, 마치 홀린 듯이 무아지경으로 그것을 먹는 그녀의 모습은 식인 욕망이 **본능**으로서 자신의 존재감과 정체성을 드러내는 순간이다. 마치 인간을 숙주 삼아 발현되는 듯한 식인 본능의 얼굴을 마주하며, 우리는 섣불리 그녀를 그동안 우리가 예상해왔던 식인자의 범주로 분류하기 어렵다는 사실을 깨닫게 된다. 이로써 관객의 예상은 이중으로 좌절되고 충격은 배가된다.

　한편, 〈본즈 앤 올〉의 충격은 생각보다 빨리 찾아온다. 새로운 친구를 사귀고 싶어하는 평범한 10대 소녀 매런은 늦은 밤 아빠의 감시를 피해 창문으로 집을 빠져나가는 데에 성공한다. 도착한 친구의 집에서 그녀는 여느 10대 소녀들이 그러하듯 친구들과 한데 모여 즐거운 한때를 보낸다. 한편에서는 서로 매니큐어를 발라주고, 한편에서 매런은 새로 만난 킴과 대화를 나눈다. 〈로우〉와 마찬가지로, 이 영화가 식인 욕망에 대하여 다루고 있다는 사실을 알고 있다고 하더라도 어떤 관객도 이 장면에서 다음 장면으로의 이행을 그런 식으로 예상하지는 못할 것이다. 킴이 매런에게 손가락을 펼쳐 매니큐어를 보여주는 순간, 매런은 자연스럽게 킴의 손가락을 입으로 가져간다. 거기에는 일말의 망설임도 없다. 아이들의 비명과 함께, 매런의 입에 물려있던 킴의 손가락이 너덜너덜해져 피범벅이 된 채로 나타나기 전까지 우리는 그것의 도래를 결코 예상할 수 없다. 적어도 우리의 일반적인 상식선에서는 말이다. 즉, 우리가 '그들(eater)'의 습성에 대하여 알게 되기 전까지, 우리는 이전 장면에서 문제의 다음 장면으로의 이행을 짐작조차 할 수 없다.

　이후에 알게 되겠지만, 매런이 킴의 냄새를 맡던 것은 그녀의 다음 행동을 암시하는 징후였다. 그러나 킴을 비롯한 10대 소녀들이, 또는 보통의 우리가 그들(eater)의 습성을 알 리가 없지 않은가? 영화가 그것을 알려주기 전까지는 말이다. 심지어 매런의 행동이 어찌나 자연스러운지, 그녀가 킴의 손가락을 입에 무는 순간에서조차 다음으로의 이행을 예상하기는 쉽지 않다. 저스틴에게 그랬듯이, 매런에게도 그것(식인 욕망)은 **본능**으로서 발현된다. 따라서 우리가 그녀들의 행동을 예상할 수 없었듯이, 그녀들 또한 자기의 행동을 예상하지 못한다. '설마'하는 의심은 관객인 우리만의 것이 아니며, 의심과 반문을 중심으로 그녀들과 우리는 한데 묶이게 된다. 따라서 자신에게 놀라는 그녀들의 모습은 우리의 충격을 배가하는 지점이 된다.

## 2.

　그동안 식인자의 형상은 분명하게 우리와 구별되는 종족으로 나타났으며, 이들은 대체로 무자비함과 냉혹함이라는 특징을 공유하고 있었다. (종종 살인을 겸하는) 그들은 모두가 예외 없이 사이코패스였다. 그러나 저스틴과 매런은 그렇지 않다. 이들은 오히려 우리와 다를 바 없는, 평범한 보통의 인간에 가깝다. 심지어 그녀들은 우리 모두에게 한때 존재했을 법한, 따라서 과거의 우리를 연상하게 하는 미성숙하고 서툰 모습으로 그려진다. 그토록 간절히 사랑을 갈구하지만, 자신의 서투름과 미숙함으로 인해 결국 사랑하는 이를 지켜내는 데에 실패하는 것 또한 마찬가지이다.

자신의 식인 본능을 다루는 데에 서투른 그녀들은 그로 인해 원치 않게 사랑하는 이들과 멀어지게 된다. 거듭된 사고를 견디지 못한 매런의 아빠는 그녀를 두고 떠나버리고, 저스틴은 자신을 이해해주려 노력했던 아드리안(라바 내 우펠라 분)과 멀어지게 된다. 결국 그녀들은 사랑하는 이들을 지키지 못한다. 자기 자신으로부터, 그리고 또 다른 자신으로부터 말이다. 저스틴은 아드리안을 자신, 그리고 알렉스로부터 지키기에 실패하고, 매런 또한 리(티모시 샬라메 분)를 자신, 그리고 설리번(마크 라이언스 분)으로부터 지켜내지 못한다. 사랑 앞에서는 욕망의 절제가 필수적이다. 자신조차도 통제하지 못하는 과잉된 욕망으로 인해 사랑하는 이들을 떠나보내야 했던 경험은 저스틴과 매런을 보통의 우리와 동일한 범주에 속하게 만든다.

이뿐만이 아니다. 저스틴과 매런은 식인을 위한 살인에 (적어도 처음에는) 반대한다. 저스틴은 오로지 먹기 위해서 교통사고를 내는 알렉스를 비난한다. 매런 또한 마찬가지다. 그녀는 쓰러진 노파가 죽기만을 기다리는 설리번을 향해 화를 내고, 식인 본능을 타고나지 않았음에도 그것을 배우려는 자를 이해하지 못한다. 심지어 매런은 가족이

있는 남자를 죽였다는 이유로 리를 거세게 비난한다. "뭔가 느껴야 해"라는 매런의 말에서 어른거리는 것은 죄책감이며, 알렉스와 자신을 "다르다"라고 구분 짓는 저스틴의 모습에서 발견되는

것은 수치심이다. 자신의 식인 본능을 깨달은 뒤에도 욕망에 무분별하게 자신을 내맡기는 대신, 윤리적인 태도를 고수하는 것이다. 마치 인간과 다르지 않은 듯 말이다.

　욕망과 윤리 사이에서 고뇌하며 갈등하는 이들의 모습은 그야말로 인간적인 면모가 두드러지게 나타나는 지점이다. 그리고 이는 그들이 결국 욕망에 타협하게 되는 지점에서 더욱 노골적으로 드러난다. 저스틴은 알렉스를 처벌하는 대신 그녀에게 묻은 피를 씻겨주고, 리를 비난하며 그를 떠났던 매런은 결국 다시 돌아와 그와 함께하기를 택하는 것이다. 스스로 '먹여야만' 한다는 설리번의 말이나, 거식증을 경고하는 알렉스의 말에서 드러나는 것은 욕망에 우선하지 못하는 윤리의 한계이자, 누구도 외면할 수 없는 구질구질한 현실의 민낯이다. 자신이 가진 욕망의 실체를 깨닫고 이내 자기혐오에 빠지면서도, 역설적으로 그를 통해서만 살아있음을 느끼는 인간의 이중성을 고발하기라도 하려는 듯, 영화는 그녀들과 우리의 다르지 않음에 집중한다.
　그리하여 두 영화가 주는 충격은 우리가 그녀들에게 일체감과 동질감을 느끼게 된다는 사실에서 비롯한다. 우리는 더 이상 이들을 우리와 구별되는 별개의 종족으로서, 즉 우리의 대립항으로 설정할 수 없게 된다. 그녀들의 모습은 우리가 그동안 상상해왔던 식인자의 형상이 결코 아니다. 이러한 방식으로 두 영화는 우리의 '앎'을 무력화한다. 앞선 이행을 해체하여 기존의 앎에 구멍을 내고, 그리하여 생겨난 **텅 빈** 자리에서 등장하는 것은 피 묻은 입과 손, 뼈와 살이 파헤쳐진 몸이다. 역겨움과 혐오감을 자아내는 비체적(abject) 형상으로 나타난 이들은 우리와 그들 간의 경계를 해체하고 즉시 재구성한다. 우리는 이 새로운 형상을 우리가 기대어 왔던 기존의 앎을 바탕으로 다룰 수 없다는 사실을 깨닫게 된다. 이들은 사이코패스에도, 보통의 인간에도 속하지 않는다. 그렇다면 우리는 이들을 위한 새로운 구별을 개발해내야 할까?

## 3.

우리가 어떤 새로운 이행을 목격한 순간, 그것의 강렬함은 즉시 우리의 새로운 앎을 구성하기 시작한다. 그리하여 하나의 새로움이 여러 매체를 경유하며 다양한 내용과 형식으로 반복적으로 경험되고 나면, 그것은 곧 익숙한 앎으로 완전히 자리 잡게 된다. 일단 그것이 하나의 익숙함으로 정착되고 나면, 그러한 이행은 더 이상 우리에게 강렬함으로 경험되지 않는다. 누구나 그러한 이행을 쉬이 예측할 수 있게 되는 것이다. 앞선 것을 목격하는 순간 다음에 오게 될 것은 당연하게 예상되고, 그러한 이행은 이제 흔하고 익숙한 것, 즉 뻔한 것이 된다. 따라서 최초의 강렬함은 사라지고, 익숙함과 진부함이 그 자리를 대체한다. 이렇게 하나의 클리셰가 탄생한다.

사이코패스 식인 살인마라는 정체성은 오늘날 우리에게 새로운 것이라기보다는 익숙한 것에 가깝다. 이들을 특징짓는 무자비함과 냉혹함은 이미 하나의 클리셰가 된 지 오래다. 영화를 비롯하여 소설, 드라마 등 여러 분야를 경유하며 다양한 형상으로 변주되어 온 탓에, 우리는 이러한 특징만으로 또는 그들의 등장만으로 다음 사건의 발생을 쉬이 예상할 수 있다. 그렇다면 이들은 왜 그리도 자주 우리에게 목격되었을까? 존재 방식과 행동양식 모두에서 보편적인 상식을 벗어나는 이들의 소름 끼침은 우리의 예상을 뒤엎는 데에서 오는 것이라기보다는, 그것 자체를 좌절시킨다는 데에서 비롯한다. 즉, 우리는 결코 그들을 예상할 수 없다. 이들 앞에서 우리의 앎은 무력화된다. 이처럼 일반적인 예상을 벗어남으로써 놀라움과 충격을 주는 사이코패스는 바로 그러한 지점에서 혐오와 매혹의 대상이 되어왔다.

분명 저스틴과 매런은 이러한 사이코패스 식인 살인마의 범주에 속하지 않는다. 이를테면, 그녀들은 〈싸이코(Psycho)〉(1962)의 노먼 베이츠(안소니 퍼킨스 분)와도, 〈양들의 침묵(The Silence Of The Lambs)〉(1991)의 한니발 렉터(안소니 홉킨스 분)

와도 같지 않다. 전자의 경우를 먼저 살펴보자. 1962년에 개봉한 알프레도 히치콕 감독의 기념비적인 작품 〈사이코〉의 노먼 베이츠는 그야말로 사이코패스의 **원형**이라고 할 수 있다. 영화에는 크게 두 번의 반전이 존재하는데, 하나는 여자를 죽인 범인에 대한 것이고 다른 하나는 여자를 죽인 이유에 대한 것이다. 살인 사건을 둘러싼 반전의 중심에는 노먼 베이츠라는 캐릭터가 자리하고 있다. (수사관이 아닌 정신과 의사에 의해) 살인 사건의 전모가 드러나면서 관객들은 충격에 휩싸인다. 특기할 점은 이러한 충격이 살인이라기보다는 식인에서 기인한다는 점이다. 모친을 죽인 베이츠는 슬픔과 상실감을 이기지 못한 나머지 그녀를 말 그대로 집어삼킨다. 은유적인 의미에서의 식인과 다름없는 그의 행각은 일반적으로 상식이라 여겨지는 합의된 사고의 흐름을 완전히 벗어나고, 이로써 〈사이코〉의 반전이 주는 강렬함은 극에 달한다.

베이츠가 사이코패스를 처음 대중에게 각인시켰다면, 이를 보다 대중화하는데 공헌한 이는 한니발 렉터이다. 그는 오늘날 우리가 일반적으로 상상하는 사이코패스 식인 살인마의 **전형**으로, 무자비하고 냉혹하다는 특징을 가장 잘 드러내는 인물이다. 〈양들의 침묵〉은 렉터가 체포된 이후를 배경으로 하고 있다. 렉터의 수감 이후, 새로운 연쇄 살인 사건이 벌어지면서 FBI 사무국장은 예비 요원 스탈링(조디 포스터 분)을 통해 렉터의 도움을 받으려 한다. 스탈링 요원은 렉터의 신뢰를 얻기에 성공하고, 그가 준 실마리를 바탕으로 살인마의 살인 동기를 알아내는 데에 성공한다. 흥미로운 점은 바로 이러한 렉터의 '초월적인 앎'이다. 스탈링 요원과의 몇 번의 대화만으로도 마치 그녀에 대하여 모두 아는 듯하고, 주어진 몇 가지의 단서만으로 살인자의 행각을 꿰뚫는 그의 비범함은 다소 섬뜩한 인상을 준다.

실제로 그에 대한 두려움은 그가 벌이는 잔인하고 엽기적인 행각에 의한 것만은 아니다. 오히려 두려움은 그가 우리의 예상을 무력하게 만든다는 데에서 비롯된다. 이를테면 이런 지점이다. 정갈하게 빗어 올린 머리카락이나 흐트러짐 없는

옷차림, 그리고 꼿꼿한 자세는 그가 상류층 지식인임을 한눈에 알아볼 수 있게 한다. 비록 죄수복을 입고 있음에도 말이다. 그러나 그러한 외양을 한 그는 일순간 교도관의 얼굴을 물어뜯는다. 즉, 그 무엇보다 문명화된 인간의 형상에서 원시적이고 야만적인 식인 살인마의 형상으로 변모하는 것이다. 따라서 우리 중 누구도 그의 모습에서 그러한 행동으로의 이행을 예상할 수 없다. 그가 이미 식인과 살인을 저질러 수감 되어있다는 사실을 알고 있음에도 말이다. 이러한 충격은 우리가 그것을 단지 예상할 수 없었을 뿐만 아니라 심지어 종종 불가능하다고 여긴다는 데에서 배가된다.

노먼 베이츠와 한니발 렉터가 자아내는 충격은 그들이 우리의 예상을 전복시키고 기존의 앎을 무력화함으로써 자신의 형상을 갱신하며 나타난다는 데에서 비롯한다. 노먼 베이츠는 '인간의 형상'에서 '모친을 집어삼킨 살인자의 형상'으로 이행하는 연결고리를 최초로 구성하며 '**인간**이 어떻게 그럴 수가!'라는 충격을 자아낸다. 이어, 한니발 렉터의 잔혹하고 엽기적인 행각을 의심케 하는 것은 그의 상류층 지식인으로서의 정체성이다. 따라서 그를 향한 충격은 '상류층 지식인의 형상'을 '무자비한 식인 살인마의 형상'으로 이행하는 연결고리를 최초로 구성한 데에서 비롯한다. 즉, 베이츠가 동족으로서 인간에 대한 보편적인 합의를 위반함으로써 충격을 자아냈다면, 렉터의 충격은 그가 대표하는 특정한 다수에 대한 합의를 위반한다는 데에서 비롯한다. 따라서 렉터를 향한 충격은 '**그**가 어떻게 그럴 수가!'로 요약될 수 있다. 이때 '그'는 한니발 렉터라는 한 명

의 개인이라기보다는 상류층 지식인이자 백인 남성이라는 정체성을 암시한다. 렉터를 향한 충격은 그에 대한 나의 개인적인 앎을 위반하는 것이 아니라, 그가 상징하는 정체성에 대한 나의 상상적 앎을 위반함으로써 이루어지는 것이다.

이러한 지점에서 렉터의 형상이 저스틴과 매런의 모습으로 변화하여 우리 앞에 나타났다는 점은 특기할만하다. 상류층 지식인이자 중년의 백인 남성을 대체하는 것은 이제 막 성인이 된 여성이다. 저스틴은 백인이지만 매런은 혼혈(브라운)이고, 그녀들의 가정형편은 보통이거나 그 이하인 것으로 보인다. 무엇보다 둘 다 가족의 품을 떠나 홀로 살고 있는 점은 그녀들의 평범함을 강조하는 지점이 된다. 이를 바탕으로 그녀들은 '갓 성인이 된 보통의 여자'에서 '살인을 저지르지 않으려 애쓰는 식인자'로의 연결을 구축하고, 그녀들이 암시하는 소수자 또는 주변인으로서의 정체성은 우리가 그녀들을 타인이 아닌 자신으로서 상상하게 만드는 지점이 된다. 따라서 그녀들을 향한 충격은 지극히 사적이고 개인적인 앎을 위반하는 데서 온다.

저스틴과 매런이 주는 충격은 베이츠와 렉터가 자아내던 충격과는 분명 다르다. 이들은 모두 우리의 앎을 무력화하고 예상을 전복함으로써 소름 끼침을 자아내지만, 앞선 두 남자에게서 우리와 같지 않음이 두드러졌던 것에 반해 최근의 두 여자에게서는 우리와 다르지 않음이 강조된다. 즉, 전지가 주는 충격은 그들의 모습에서 식인의 형상을 발견하는 데에서 오지만, 후자의 경우 충격은 식인의 형상에서 우리의 모습을 발견하는 데에서 온다. 문제가 되는 것은 그들의 모습이 아닌, 우리의 모습으로서 떠오르는 것이다. 따라서 저스틴과 매런은 곧 우리의 불온한 변주로서 나타나 즉시 '우리'라는 정체성을 위협하기 시작한다. '보통의 평범한 우리'라는 존재를 문제시하고 경계를 해체함으로써 그러한 범주를 혼란스럽게 만드는 것이다. 서로의 부분들을 공유하는, 따라서 애초부터 격리되기에 불가능한 그녀들은 평범함이라는 보편과 다수에 기대어 평온과 안락을 추구하려던 우리의 시도를 즉각 훼절하고, 이어서 모두의 안위를 급진적으로 시험대 위에 올려놓는다.

## 4.

사실, 인류사에서 식인은 이미 오래전부터 존재해 온 것이다. 식인 행위는 여러 가지 이유로 행해졌다. 상대를 모욕하기 위해서, 또는 상대와 자신을 동일시 하기 위해서 등. 배고픔을 이기지 못해서 행해진 극단적인 경우에서조차, 식인 행위는 대개 특정한 목적이나 의도를 동반하는 것이었다. 그러나 저스틴과 매런의 경우는 그렇지 않다. 그녀들의 식인에는 특별한 이유가 없다. 그것은 그저 본능일 뿐이다. 앞서 살펴보았듯, 그녀들이 식인에 이르게 **되는** 장면이 (식인을 **하는** 장면이 아닌) 주는 강렬함은 이를 드러낸다. 그녀들이 손가락을 먹는 행동에서 우리는 그것의 주인을 향한 그 어떤 공격에의 의지나 위해의 몸짓도 발견할 수 없다. 상대를 다치게 하는 것을 넘어서 신체의 일부를 훼손하는 그녀들의 행동에서 아이러니하게도 그 어떤 의도도 발견되지 않는다는 사실은 오히려 우리를 소름 끼치게 한다. 동시에 이러한 무의도성은, 또는 무목적성은 그녀들의 정체성을 드러내는 지점이 된다.

이러한 목적의 부재는 그녀들과 앞선 두 사이코패스 식인 살인마가 공유하는 유일한 지점이기도 하다. 일반적으로 있어야 할 것으로 예상되는 목적의 부재는 단지 그러한 공백만으로 사회에 암묵적으로 존재하는 합의에 문제를 제기하는 효과를 낳는다. 이들의 목적 없는 살인 행각은, 또는 의도하지 않은 식인 행각은 특히 오늘날 우리 삶의 면면을 파고드는 자본주의 경제 논리를 초월함으로써 독자적이고 특권화된 지위를 확립한다. 인간이든, 사물이든 유용함을 증명하지 않으면 폐기처분 될 뿐인 현대 사회에서 목적 없는(유용하지 않은) 삶과 행동이 허락되는 경우는, 재벌 3세 또는 노숙자를 제외하고는, 없다. 따라서 목적 없는 또는 자신의 실현을 유일한 목적으로 하는 행동은 그 자체로 특권이다. 노먼 베이츠를 시작으로 한니발 렉터를 지나, 저스틴과 매런의 형상으로 나타나는 식인 살인마의 반복적인 등장은 그들의 초월이고 특권적인 지위를 향한 우리의 열망의 반영일지도 모른다.

실재로서의 카니발리즘이 점차 소멸되고 있음에도 불구하고, 그것이 대중매체에서 그토록 반복적으로 등장하는 현상은 카니발리즘을 향한 우리의 혐오와 매혹이 공존하고 있음을 드러내는 반증이라 할 수 있다. 실제로 연구자들은 카니발리즘의 재현이 우리 시대의 특정한 경향을 은유하고 있다고 설명한다. 매기 킬고어는 대중문화에서 나타나는 식인종의 형상을 '근대적 자아의 분신'으로 설명한 바 있다. 그에 따르면, 오늘날 자본주의 사회에서 주체가 성취하는 자율에는 언제나 소외가 동반되는데, 따라서 근대적 자아는 공동체로 흡수되고자 하는 열망과 개인적 자율성을 획득하려는 열망 간의 대립적인 충동을 경험하게 된다. 이때 우리의 상상 속에서 카니발리즘은 곧 재합일을 위한 제의적 역할을 한다는 것이다. 즉, 우리 자신과 분명히 구별되는 대립항을 설정함으로써 분열된 개인이 아닌 공동의 정체성으로 흡수되는 자신을 경험하는 것이다. 따라서, 오늘날 대중매체에서 반복적으로 변주되며 나타나는 사이코패스 식인 살인마의 형상은 자신을 타인과 구별 짓는 동시에 더 큰 타자에 합일되기를 열망하는 우리의 모순적인 충동에 의해 요청된 결과라고 할 수 있다.[1]

　　이러한 지점에서 이들의 자리가 점차 사회의 주변부에서 중심부로 옮겨가고 있다는 사실은 의미심장하다. 베이츠가 사람들이 오가는 고속도로와 멀리 떨어진 한적한 모텔에서 마치 은둔하듯 살아가고 있었다면, 그에 반해 렉터는 사회의 중심부에서 사람들의 존경을 받으며 살아가고 있었다. 그는 클래식 공연을 관람하는 수준 높은 취미를 가지고 교향악단 연주자들과 친분을 유지하는 사교적인 인물이었으며, 법의학에 대한 높은 식견을 바탕으로 FBI 요원들과 교류하는 지식인이었다.[2] 한편, 저스틴과 매런에 이르면, 이러한 경향은 더욱 강조된다. 그녀들은 말 그대로 우리의 '안'에서 등장한다. 그녀들은 우리 자신의 모습으로, 또는 우리와 한데 뒤섞여 나타난다. 베이츠의 특이함이 그를 사람들과 멀리 떨어진 곳에서 살아가도록 만들었고 렉터의 비범함이 보통의 우리와 최소한의 거리를 유지하는 장치였다면, 저스틴과 매런의 지극한 평범함은 거리 그 자체를 무화시킨다. 따라서 우리는 더 이상 그녀들을 우리 자신과 구분하지 못한다. 그렇다면, 문제는 **그들**을 구별해내는 것이 아닌 **우리**를 재분류하는 것이 된다.

---

1) 이 단락은 다음의 글을 참조하였다: 매기 킬고어, 「우리 시대의 카니발리즘의 기능」, 『식인 문화의 풍속사』, 프랜시스 바커·피터 흄·마가렛 아이버슨 엮음, 이정린 옮김, 이룸, 2005, pp. 339-370.
2) 수감 전 렉터의 사회적 지위에 대해서는 〈레드 드래곤(Red Dragon)〉(2002)에 보다 자세히 묘사된다.

# 5.

　우리가 〈로우〉의 저스틴과 〈본즈 앤 올〉의 매런을 보고 난 뒤 느끼게 되는 모종의 위기감과 불안감은 바로 여기에서 비롯한다. 우리 자신의 얼굴을 한 식인의 형상을 목격한다는 데에서 말이다. 저스틴과 매런을 통해 우리가 깨닫게 되는 것은 더 이상 식인과 살인을 우리 사회의 '금기'로서, 식인자와 살인자를 우리 자신의 '대립항'으로서 설정할 수 없다는 사실이다. 즉, 저스틴과 매런은 곧 식인과 살인이 우리 사회에서 금기로서 기능하지 못하게 되었음을 암시하는 **징후**이다. 그리하여 문제가 되는 것은 새로운 금기를 설정하는 것, 또는 새로운 적을 규정하는 것이다. 우리는 모두 적으로 규정 가능한(able) 상태에, 또는 규정되기 전(pre) 단계에 놓여 있는지도 모른다. 따라서 우리를 둘러싸고 있는 정체를 알 수 없는 불안의 실체는 우리가 언제든 대립항으로 설정될 수 있다는 사실에서 비롯된다고 할 수 있다.

　실제로 우리는 더 이상 우리 주위에 사이코패스가 존재할 가능성을 간과하지 않는다. 우리는 그들이 우리와 한데 섞여 있을지도 모른다는 사실을 더는 의심하지 않으며, 심지어 수시로 주변인들의 정체를 의심하는 지경에 처해있다: "걔 사이코패스 아니야?" 따라서 오늘날에는 누구나 사이코패스일 수 있다. 당신도 예외 없이 말이다. 만일 당신 주변에 사이코패스가 한 명도 없다면, 어쩌면 그것은 당신일지도 모른다는 '사이코 총량 불변의 법칙'을 떠올려 보라. 이러한 으스스한 농담이 만연하다는 사실은 무엇을 드러내는가? 어쩌면 우리는 모두 잠재적인 의미에서 이미 그것으로 존재하는지도 모른다. 따라서 서로를 적대하며 반목하는 오늘날의 현실은 차라리 당연한 결과이다. 이는 식인과 살인을 저지르는 사이코패스가 자신의 외양을 변화시켜가며 이토록 반복해서 우리 앞에 나타나고 있는 현상을 설명하기 위한 적절한 해석을 제공해 준다.

　새로운 외양으로 나타난 저스틴과 매런은 우리에게 기존의 이분법이 아닌 새로운 이분법을 직면하게 한다. 그것은 무자비한 사이코패스와 평범한 보통의 인간 사이의 대립이 아닌, 윤리적인 식인과 무자비한 인간의 대립으로 나타난다. 무엇이 옳고 그른 것인가? 또는, 무엇이 좋고 나쁜 것인가? 대답하기 어렵다면, 질문을 조금 바꿔보자. 저스틴과 매런에게 공통으로 행해지는 행위 중의 하나는 바로 키스에서 물어뜯기(식인)로의 이행이다. 당신은 이것을 어떻게 구별해낼 수 있는가? 흐르는 피? 떨어져 나간 살점? 그도 아니면, 상대의 동의 여부?

구별되어야 하는 것은 키스와 물어뜯기의 차이라기보다는, 저스틴에게서 행해진 그것과 매런에게서 행해진 그것 간의 차이일 테다. 저스틴의 경우에는 다소 폭력적이고 강압적인 상황을 전제한다. 그녀는 파티를 벌이는 동급생들에 의해 강제적으로 한 명의 남성과 방에 갇힌다. 그녀는 키스하려고 다가오는 그를 두 차례 밀어내지만, 계속해서 다가오는 그로 인해 그것을 시작하게 된다.3) 반면 매런의 경우, 그것은 리의 요청으로 이루어진다. 그녀는 몇 차례나 거부하지만, 리는 거듭해서 그녀에게 요청한다. "날 먹어 줘, 부탁이야. 뼈까지 전부." 매런의 그것이 사랑이라면, 저스틴의 그것은 욕망(본능)이다. 그렇다면 우리가 구별해내야 하는 것은 바로 **사랑**과 **욕망**(또는 사랑의 이름을 한 본능)일 테다.

따라서 〈로우〉와 〈본즈 앤 올〉의 고어적이고 보어적인 형상은 소비되어야 할 대상이 아닌 소진되어야 할 심상에 가깝다. 그것은 타자를 향하고 있으나 자신의 심연에 침잠해있던, 또는 외부를 향하고 있으나 실은 내부에서 솟아오르는, 순치되지 않는 타자성에서 비롯되는 근원적인 불안이다. 우리의 불온한 변주이자 뒤틀린 내부로서 등장한 저스틴과 매런은 과감히 자신을 드러내 펼쳐 보임으로써 우리의 시선을 잡아끌기에 성공하고, 곧이어 우리가 외면하고자 했던 그것을 직면하게 만든다. 그것은 '견고한 모든 것'의 소멸로서 나타난다. 우리의 기존의 구분법이 저스틴과 매런을 적절하게 구별해내기에 실패했다는 사실이 드러내듯, 기존의 장르 구분이 〈로우〉와 〈본즈 앤 올〉을 적절하게 분류해낼 범주를 갖지 못한다는 사실이 드러내듯(두 영화는 모두 공포(horror)로 분류된다), 두 영화는 기존의 어떤 구분도 더는 유효하지 않다는 사실을 드러낸다.

---

3) 이어지는 아드리안과의 대화를 통해 영화는 그녀가 그것을 억지로 한 것이 아님을 분명히 알려준다. 그러나 억지로 하지 않은 것이 키스인지 물어뜯기인지는 명확하지 않다. 판단은 관객의 몫이다.

# 〈물안에서〉가 암시하는 관객의 (그리고 영화의) 운명에 대하여

김윤진

## 보이지 않는 무엇

언젠가부터 홍상수 감독의 영화에서는 보이지 않는 무언가의 존재가 반복적으로 이야기되기 시작했다. 배우들은 정체가 분명하지 않은, 그러나 존재함은 분명한 어떤 것에 대하여 거듭해서 이야기한다. 그것은 〈도망친 여자〉(2020)에서 3층의 비밀로, 〈인트로덕션〉(2021)에서 그날의 빛으로, 그리고 〈물안에서〉(2023)에서는 돌담과 유채꽃으로, 또는 남희(김승윤 분)를 놀라게 했던 목소리로 나타난다. 이러한 미지의 존재들이 공유하는 한 가지 특징이 있다면, 이들은 영화 **안**에서만 지각될 뿐 영화 **밖**에 있는 관객인 우리에게는 결코 목격되지 못한다는 것이다. 우리는 배우들의 반복적인 발화를 통해, 그들의 거듭되는 찬사와 의문을 통해서만 그것의 존재를 어렴풋이 추측할 수 있을 뿐이다.

그것은 분명 존재하지만, 우리는 그것을 볼 수 없다. 이러한 모순되는 상황이 만들어내는 대립이 감독의 최근작들을 경유하며 어른거린다. 존재한다고 말해지는 것을 명확하게 보고자 하는 우리의 충동은 그것을 보여주지 않는 영화에 의해 계속해서 좌절되고, 마치 이를 약 올리듯 배우들은 반복해서 그것들을 향한 열망과 찬탄을 드러낸다. 이를 통해 수면 위로 떠오르는 것은, 그들과 우리의 자리이다. 또는, 그것들 간의 차이이다. 영화를 중심으로 하여 **안**에 자리하는 그들의 위치와, **밖**에 자리하는 관객인 우리의 위치가 대조적으로 드러나는 것이다. 이는 감독의 가장 최근작인 〈물안에서〉에서 특히 명료하게 드러난다. 제목에서부터 자신의 위치를 명시적으로 알려주는 것도 모자라, 영화는 초점이 나간 화면을 통해 계속해서 자신의 위치를, 그리고 그 것의 대척점으로서 관객의 자리를 알려주는 듯하다.

# 훼손되지 않은, 있는 그대로의

〈물안에서〉는 영화를 만들기 위해 섬으로 내려간 성모(신석호 분)의 이야기를 골자로 한다. 이는 〈소설가의 영화〉(2022)에서도 마찬가지이다. 한때 유명한 소설가였지만, 더는 소설을 쓰지 않는 준희(이혜영 분)는 갑자기 영화를 찍겠다고 결심한다. 그런데 이들은 모두 이전에 영화를 만든 적 없던 인물로, 준희는 소설가였으며 성모는 배우였다. 그렇다면 이들이 갑자기 영화를 찍으려는 이유는 무엇일까? 이들은 모두 영화를 향한 특별한 열망을 드러낸다. 준희가 찍으려는 영화는 '훼손되지 않은 진짜'이고, 성모가 찍는 영화는 '있는 그대로의 현실'에 가깝다. 따라서 이들이 찍고자 하는 영화의 이야기는 일반적으로 이야기라고 할 법한 것이 아니다. 준희의 이야기는 선배 만수(기주봉 분)에 의해 이야기답지 않다고 부정되고, 성모의 이야기는 결정되지 않은 상태로 남아있다. 성모의 부탁으로 영화에 출연하는 남희도, 촬영을 도와주는 상국(하성국 분)도 영화에 대한 어떤 이야기도 듣지 못하는 것이다.

그러나 두 경우 모두에서 이야기는 그다지 중요한 것이 아니다. 실제로 준희가 만든 영화와 성모가 만드는 영화에서 우리는 이야기라고 부를 만한 어떤 것도 발견하기 어렵다. 준희의 영화는 두 여자(모녀 관계로 보이지만, 이 또한 분명히 알 수 없다)가 낙엽이 가득한 숲길을 산책하는 이야기 정도로 설명할 수 있을 뿐이다. 성모의 영화에서도 마찬가지다. 우리는 그의 설명을 통해 부산물(쓰레기)을 치우는 여자와 그녀를 따라다니는 남자의 이야기 정도로 짐작할 뿐이다. 심지어 〈물안에서〉는 완성된 성모의 영화를 보여주지도 않는다. 그 대신, 그의 영화 촬영 현장을 보여줄 뿐이다.

## 관객의 (그리고 영화의) 운명

훼손되지 않은 진짜를, 있는 그대로의 현실을 담아내고자 했던 이들의 영화가 공유하는 또 다른 지점은 바로 관객을 향한 배타적인 태도이다. 이들 영화는 모두 관객의 자리를 가정하지 않는다. 이들의 영화에서 관객의 자리는 당연히 있어야 하는 것이라기보다는, 오히려 의문에 부쳐지며 차라리 배제됨이 마땅한 것인 듯 보인다. 먼저, 〈소설가의 영화〉에서 관객의 자리는 준희의 영화의 관객이자 배우인 길수(김민희 분)에 의해 문제시된다. 준희의 영화를 보고 나온 길수의 응시에 의해 관객인 우리의 자리가 발각되듯 드러나는 것이다. 준희의 영화가 명목상으로나마 관객의 자리를 마련했다면, 성모의 영화는 아예 관객이 들어설 자리조차 마련하지 않는다. 〈물안에서〉는 완성된 성모의 영화를 보여주지 않으며, 심지어 초점이 나간 화면으로 관객의 보기를 방해하며 배타적인 태도를 노골적으로 드러내는 듯하다.

태생적으로 영화 밖에서만 존재할 수 있는 관객의 자리는 완성된 영화 앞에서만 허락될 뿐이다. 관객의 자리는 완성된 영화가 상영되는 순간에서야 마련되는 것이다. 마치 하나의 상품이 진열대에 오른 뒤에야 소비자의 역할이 시작되듯 말이다. 따라서 완성된 영화가 아닌 그것의 촬영 현장은 애초부터 관객의 자리가 배제된 영역이다. 이처럼 〈소설가의 영화〉에서 민희의 시선에 의해 의문에 부쳐지던 관객의 자리는 〈물안에서〉에 이르면 완전히 배제된다. 영화의 말미에 이르면 관객들은 완성된 성모의 영화를 보지 못한 채 암전을 마주하게 된다. 암전된 화면에서 반사되는(발견되는) 것은 관객의 부재 그 자체이다. 그렇다면 〈물안에서〉의 종결부에서 암시하고 있는 것은 관객의 운명에 대한 암울한 전망일까?

홍상수 감독의 최근작들을 경유하며 〈물안에서〉에 이르러 전면화되는 것은 관객을 향한 영화의 배타적 태도이다. 그리고 이는 아이러니하게도 관객인 우리를 끌어들이는 지점이 된다. 그는, 또는 그의 영화는, 관객으로 인해 비로소 영화가 완성된다는 자본주의적 환상을 주는 대신, 자신으로서 충분하다는 듯 우리의 자리를 배제한다. 관객의 부재를 가정하는 그의 영화 앞에서 우리는 오히려 자신의 자리를 더듬어가며 찾기 시작하는 것이다. 그리하여 관객의 부재를 메우는 것은 그들의 새로운 얼굴일 수도, 또 다른 무엇의 도래일 수도 있다. 독자와 작가의 운명이 한데 얽혀 있음에 주목했던 롤랑 바르트의 논의를 떠올려 볼 때, 우리는 관객의 운명이 영화의 운명을 어디로 이끌 것인지 묻지 않을 수 없게 된다. 그의 다음 영화가 기다려지는 이유이다.

# 영화라는 현실과 일상이라는 환상

김윤진

나는 영화에 (또는 영화 평론에) 다소 늦게 입문한 편이다. 사실 입문했다고 말하기도 민망하다고 줄곧 생각해왔는데 이제야 그 원인 모를 부끄러움으로부터 다소나마 해방된 것 같다. 그래서 더욱이 이 상을 주심에 감사하다. 과거에 나는 예상된 또는 가정된 관객이기를 자처했던 것 같다. 관객으로서 나는 줄곧 현존에 앞서 기획된 숫자 '1'에 불과했다. 이는 그것이 주는 안전함에 침잠할 수 있었기 때문일지도, 또는 영화가 마련한 자리를 나의 것으로 취함으로써 거대한 순환을 구성하는 일부가 된 듯한 만족감을 느꼈기 때문일지도 모른다. 영화를 보는 일은 검증받지 않고서도 무엇의 일부로서 기능할 수 있게 하는 것이었다.

그러나 시간이 지나고, 나의 유용성을 증명해야 하는 —무엇보다 숫자로써— 시기에 접어들게 되면서 나는 비로소 나에게 주어진 것들이 대부분 조건 없이 행해진 것이라는 바로 그 인식이 착각에 불과했음을 깨닫게 되었다. 또는, 나에게 도달한 모든 것들이 사실 그 외관과 다른 이면을 갖고 있음을 깨닫게 되었다. 그때부터였을까. 나는 정해진 수순에 의해 이미 마련되어 있는 것들에 대해 거부감을 느끼게 된 것 같다. 아마도 그즈음부터 영화가 재밌게 느껴지기 시작했던 것 같다.

부끄럽지만, 어린 시절에 나는 연예인들이 연말 시상식에서 떨리는 목소리로 수상소감을 읊는 장면을 남몰래 혼자 연습하곤 했다. 마치 내가 그 주인공이 된 듯이 말이다. 그때의 나는 철없고 치기 어린 마음에 수상의 권위와 그것의 화려함에만 탐닉했었는지 모른다. 내가 비로소 무엇의 수상자가 되어 수상에 대한 소감을 말하게 된 이 순간, 나는 환상과 현실이 어떻게 다른지 그 간극을 조금이나마 알 수 있게 되었다. 덕분에, 나는 이제 환상에 매몰되는 대신 현실에 몰두할 수 있을 것이다. 그게 두 번째로 이상에 감사한 이유이다.

# 정주리 감독론 : 찰나의 생성 지대

송상호

그들은 위태롭다. 사각지대에 놓여 있거나 제 발로 음지로 들어가는 정주리의 사람들은 사회에 녹아들 수 없다. 늘 뒤틀린 내면으로 타인을 의식하느라 사회 구성원으로서 제 몫을 해내지 못한다. 자신을 둘러싼 속도에 적응하지 못하고 뒤처지거나, 실패를 맛본 뒤 재기할 수 없어 세상과 등진다. 정주리 감독이 빚어낸 영화, 그리고 그 속을 맴도는 사람들은 이상할 정도로 불안함에 사로잡혀 있다. 하지만 충동과 폭력이 휩쓸고 간 이후, 그들이 그 세계에 존재했다는 흔적은 온데간데없이 사라진다. 은폐와 엄폐가 아닌 소멸이다. 그렇다면 소멸을 막기 위해 어떤 시도가 가능한가. 인물에게 안식은 허용되는가. 영화 속 현실과 객석을 연동해 그들을 관객들과 이어줘야 하는 걸까. 여기서 필요한 질문. 우리가 그들의 소멸을 막아야 하는 이유가 있기는 한 걸까? 정주리의 영화를 논하는 일은 이 지점부터 시작되어야 한다. 스크린 속 소멸하는 이들의 모습. 이 광경을 목도한 관객은 어떤 자세로 정주리의 영화를 마주해야 하는가. 끝내 현실로 전이되지 못한 채 사라지는 이들을 떠올릴 때, 우리는 그의 영화를 그냥 지나칠 수 없다.

정 감독의 세계에서 사람을 들여다보는 일은 제법 어렵다. 그의 영화에 양가감정이 서려 있기 때문이다. 우리네 삶을 이해하기 어렵다며 한계를 절감하는 태도, 그리고 그저 사람 사는 일인데 그렇게 복잡하게 생각할 거 있겠냐는 무던한 마음. 문제는 지금부터다. 정주리가 사람들을 스크린 바깥으로 꺼내줄 생각이 없다는 점부터 시작하자. 현실보다 더 영화 같은, 영화보다 더 현실 같은 세상이 뒤섞인다고들 하지만 어쩔 수 없이 그들은 영화에만 머물러야 한다. 정주리는 그 선택이 그들을 진정으로 위한 길이라고 믿는다.

그의 영화에서 인물의 내면은 시점 숏을 빌려 많이 발화되는 편이다. 흥미롭게도 그의 시점 숏은 통상의 연출자들이 쓰는 방식과 별다를 게 없다. 인물이 상황을 인지하고 지각하는 수준일 때도, 인물의 심리를 직접 발화하는 소통법으로 사용될 때도 있다. 그렇다면 시점 숏의 전후 맥락을 살펴볼 때다. 그가 종종 영화에서 내비치는 인물의 시점, 그리고 전후에 이어 붙는 인물의 심리를 지시하는 정보들을 통해 관객은 인물과 거리 조절에 성공한다. 이때 인물의 내면을 파악한다는 차원에서, 다시 정주리의 영화를 볼 때 내레이션이 동원되거나 내면의 직접 서술이 수반되는 경우는 거의 없다는 점을 기억하자. 외부의 개입자를 없앴다는 건 함부로 세계 속 인물의 내면을 헤아릴 수 없겠다는 존중과 배려의 선언임과 동시에 관객을 비롯한 그 어떤 외부인도 그의 마음을 온전히 알아차릴 수 없다는 한계를 인정하는 방식이기도 하지 않나.

## 또 다른 우주의 생성

그렇다면 정주리의 인물들은 스크린에서 어떤 모습으로 현현하는가. 생각보다 단순한 기술 측면에서 그 논의를 시작할 수 있다. 바로 클로즈업이다. 연출가라면 누구나 즐겨 쓰는 클로즈업은 망원렌즈를 통한 물리적 좌표 설정에 따라 인물의 묘사도가 어디까지 선명해질 수 있는지를 가늠하는 척도로 여겨졌지만, 현대에 와서는 그 유효성이 담보되지 않는 상황이 됐다. 형식은 곧 내용이 아니다. 이제는 내용을 전제한 뒤 그에 맞는 형식을 끼워 맞추는 형국이다. 누군가는 클로즈업을 인물과 가까워지기 위해 쓰지만, 어떤 이들은 클로즈업을 통해 제외된 외화면 영역을 역으로 부각하는 용도로 사용하는 등 형식은 곧 내용을 뒷받침하기 위한 방법론으로 변모했다.

이때 정주리가 상영 시간의 대부분을 인물과 배경을 모두 담는 데 할애하지만, 종종 화면을 특정 대상으로 가득 채울 때가 있다는 사실에 주목하자. 얼핏 봤을 때 정주리의 세계에서 극단적인 클로즈업은 그다지 특별한 점이 없어 보일 수 있다. 특정 상황에 놓인 인물의 얼굴이 스크린을 가득 메우는 모습은 여타 영화에서도 어렵지 않게 볼 수 있는 광경이 아닌가. 하지만 〈도희야〉의 후반부 등장하는 영남과 도희의 대화 신은 정주리의 클로즈업이 영화 세계를 지탱하는 논리가 될 수 있다는 사실을 자명하게 보여준다는 점에서 언급할 만하다.

영남은 도희를 바라보면서 감정과 생각을 나누고 있다. 이때 카메라는 도희를 바라보는 영남의 얼굴 자체에 매달리기보다는 영남의 눈동자 속 홍채에 비친 도희의 형상을 정확하게 잡아내는 데 온 신경을 곤두세운다. 아니, 정정

하겠다. 이건 카메라의 의지보다는 감독의 의지가 반영된 결과물이다. 어쩌면 결정적인 한 수. 이제 영남의 얼굴은 또 다른 스크린이 됐다. 스크린 속 홍채는 도희가 존립하는 또 하나의 세계다. 이때 영남의 얼굴이라는 스크린 속 홍채에는 도희가 있지만, 우리는 도희의 얼굴에서 또 다른 시공간을 응시하는 데에는 다소 어려움을 겪기도 한다. 도희의 홍채에 비친 영남의 형상은 도희가 실시간으로 흘리는 눈물에 뒤섞여 또렷하게 보

이지 않기 때문이다. 하지만 중요한 건, 도희의 얼굴 속 또 다른 시공간이 생성됐다는 사실 자체다. 그 소우주를 제대로 발견할 수 없다고 해서 그곳이 없다고 말할 수는 없지 않은가. 카메라는 세계의 표면만을 훑을 뿐이어서 카메라로 찍어낸 결과물 자체가 세계와 동치는 아니다. 그래서 영화 속에서 생성과 중첩을 오가는 소우주가 중요한 셈이다.

사실 정주리는 〈도희야〉를 연출하기 이전 찍었던 단편 〈나의 플래시 속으로 들어온 개〉에서도 극단적인 클로즈업 구간을 몇 차례 도입하는데, 이때 남자의 눈에 비친 형상은 영남의 눈에 비친 도희의 형상처럼 새로운 중간 지대를 만들어내지는 않았다는 점을 짚고자 한다. 남자의 시선이 어딘가로 향하면 카메라는 그 남자의 눈매를 스크린에 가득 채우지만, 이후 그가 바라본 곳에 있는 대상인 혀를 내밀고 숨 쉬는 개의 모습이 별도의 숏으로 이어 붙는다. 이처럼 인물의 상황 정보만을 부각했던 클로즈업은 이윽고 〈도희야〉에서 생성 지대를 만드는 도구로 그 쓰임새가 변했다.

〈도희야〉 이후 8년 만에 공개된 〈다음 소희〉는 이 같은 클로즈업의 활용도가 그다지 돋보이지 않는 영화처럼 보일 수 있으나 카메라가 매달리는 대상이 인물이 아닐 뿐이지, 엔딩 숏에 등장하는 휴대전화를 통해서 여전히 이 쟁점이 유효하다는 사실이 부각된다. 춤추기 좋아했던 고등학생 소희가 남겨놓은 영상은 또 하나의 소우주가 되고, 재생되는 영상 속 소희는 관객과 현실 그 어디에도 귀속되지 않은 채 자신만의 연결고리를 인물들과 나눈다. 형사 유진은 이 과정에서 '살아 있던 소희'와 '주검이 되어버린 소희'의 흔적을 모두 감각하는 존재가 되지만, 영화는 유진을 인물의 내면을 전달하는 친절한 가이드로 취급하지 않기에, 관객들은 유진과 원활하게 소통할 수는 없다. 영화는 계속해서 소희와 유진이 서로의 세계를 오가게 하고 있다.

결국 정주리의 클로즈업은 대상을 포착해 확대하는 단순한 기술이 아니다. 그의 클로즈업은 스크린 속 세계에서 또 다른 우주를 생성해내는 의지의 창구다. 이때 우주를 '들여다보려고 하는' 게 아니라 '생성해내려고 하는' 게 정주리의 영화 세계를 꼿꼿이 세우는 기치가 된다. 왜냐하면 그렇게 발생한 또 다른 스크린이 어떤 상황에서든 절대 '홀로' 생성될 수 없기 때문이다. 크고 작은 영역들은 매개물 혹은 매개체가 존재해야만 생겨난다. 연결되고 관계를 맺어야 생겨나는 탐색지대. 이 유동적인 시공간이 정주리의 영화에서 계속해서 생겨난다는 점이 그의 영화를 자꾸만 돌아보게 만든다.

## 스크린 내부로 수렴하는 관계들

　문제는 정 감독이 만든 우주가 스크린 외부의 접점을 찾기 위해 마련된 자리가 아니라는 점에서 비롯된다. 과거에도 그랬고 지금 이 순간도 그렇고 앞으로도 그럴 테지만, 여전히 많은 영화가 현실과의 접점을 내세운다는 사실부터 논의를 시작해보자. 현실 속 레퍼런스를 영화 속 시공간과 연동하고, 동일시하고, 개입시키는 방식으로 관객과 공감대를 형성하는 방식을 우리는 아주 잘 알고 있다. 이를테면 '닌텐도', '블리자드'사 등 게임 제작사의 캐릭터가 총출동했던 〈레디 플레이어 원〉이 그렇다. 하지만 정주리에게 현실 속 질료는 그저 인물을 추동하기 위한 재료일 뿐 세상과의 접점을 만드는 매개체가 될 수 없다. 그 이유는 〈다음 소희〉에 장소 정보 등을 명료하게 드러내는 흔한 인서트 숏이 배치되는 순간이 그렇게 많지 않다는 데에서 찾을 수 있다. 경찰서나 교육청, 가게 간판 등에 노출되는 상호와 명칭은 영화의 로케이션 정보를 환기하고 사건 배경을 짐작하게 만들고 있지만 그뿐이다. 왜냐하면 실화를 기반으로 했음에도 극중 시점이 사건이 벌어졌던 2017년 특정 시간대라는 정보가 나오지 않기 때문이다. 암전을 동반하는 '0000년 00월 00일 00시….'와 같은 지시 문구도 영화 내내 등장하지 않는다. 다시 말해 정주리는 현실을 가져올 때도 구체적인 일시와 장소를 명시하는 데에는 관심이 없다.

그러니까 그에게 스크린 바깥 자체는 탐구 대상이 될 수 없다. 그는 자신의 영화를 세상과 연결하는 작업보다는 다른 방식을 통해서 현실과 연동시키려고 한다. 우리는 〈다음 소희〉에서 외화면으로 빠져나가는 소희를 붙잡지 않는 카메라 운용에서도 이 같은 접근을 엿볼 수 있다. 죽음을 결심한 뒤 물에 빠져 자살하러 가는 소희를 카메라는 굳이 따라가지 않는다. 프레임은 고정된 채 소희만이 프레임 아래 방향으로 향하며 외화면으로 사라진다. 이 선택은 두 가지 측면에서 의미가 있다. 물에 빠지는 소희의 모습을 관객에게 전시하지 않으려고 한다는 점에서, 이 장면은 정주리가 인물을 소중하게 여기는 마음이 명확하게 드러나는 구간이다. 두 번째가 훨씬 중요한데, 카메라가 지금까지 쫓던 대상을 시야에 두지 않고 내버려 두겠다는 말은, 현재 시야에 담기지 않은 다른 영역이 생성되는 과정에 더는 관여하지 않겠다는 선언과 같다. 그러므로 이 구간부터는 소희의 세계가 더는 스크린에 머무르지 않고 바깥으로 나간 뒤 자신만의 안식처를 찾아 안착할 수 있는 셈이다. 이 지점에서 카메라가 보여주는 수동적인 면모는 인물의 내면을 헤아릴 수 없겠다는 무력감보다도 인물의 세계를 함부로 재단하지 않겠다는 사려 깊은 존중에 가깝다. 이처럼 감독의 최근작인 〈다음 소희〉는 정주리 월드의 구성 원리가 아주 명확하게 구체화된 영화다.

그가 만든 새로운 세계는 이미 카메라에 가둬진 물리적인 좌푯값에 머물고 픽셀화된 이미지의 표층에만 맴도는 시공간이 아니라, 인물들의 관계에서만 발견되는 실체와

관념으로 뒤섞인 영역에 가닿는다. 그렇게 생겨난 세계를 통해 관객들은 표면 이미지 대신 그 이미지 속에서 생겨난 어떤 감각의 덩어리를 체험할 수 있다. 이것이 정주리의 영화가 현실과의 접점을 찾아내는 방식이며,

정주리가 인물을 수용하려는 방법론이고, 그가 세상을 살아가면서 영화를 만드는 이유다. 그래서 정주리의 카메라는 인물을 따라가는 데에만 몰두하지 않는다. 그의 카메라는 현실을 번역하는 도구가 아니라 그저 세계를 생성하는 과정을 돕는 매개체일 뿐이라는 점이 중요하다.

정주리는 영화 속에서 자신만의 탐색지를 만들어가는 데 관심을 두고 있지만, 인물을 대하는 작법은 생성과 창조보다는 소극적이고 유보적인 태도를 보인다. 그 이유는 그가 인물의 심리를 함부로 재단하지 않은 채로 인물들을 먼저 시야에 들이려고 한다는 데 있다. 이때 중요한 건 당연히 인물 자체보다도 인물과 인물 사이, 인물과 상황의 간격, 상황과 상황 간 놓인 인물의 상태 등과 같이 인물과 결부된 요소들이다. 이 같은 접근법은 앞서 언급한 정주리의 생성된 시공간을 지지하는 논리와도 직결되기 때문에 감독의 영화들을 지탱하는 줄기로서 함께 작용할 수 있다.

그의 영화에서 사람은 '인물' 대신 '인물들'이라는 복수 형태가 될 때만 존재성이 성립된다. 기본적으로 그의 작품에서 인물 자체를 직시하는 작업이 성취되기는 힘들다는 점을 놓쳐서는 안 된다. 우리는 인물과 인물 사이를 응시할 때 피어나는 감정으로 인물의 반영체나 인물의 일부를 붙잡게 된다. 앞서 언급했던 〈도희야〉가 만들어낸 소우주를 떠올려 보자. 관객들은 홍채 속 도희를 선명하게 볼 수 있으나 정작 도희라는 인물을 직시할 수는 없었다. 또 우리는 눈동자에 서린 영남을 선명하게는 볼 수 없었지만, 정작 그의 내면이 어떤 마음이었을지 가늠은 해볼 수 있었지 않나. 이처럼 영화가 소우주를 생성하는 매개체를 설정하고 배치하는 과정을 보여주는 가운데 관객들이 스크린 속 인물과 인물에게서 단서를 찾아낼 준비가 되어 있다면, 정주리의 영화와 가까워지는 건 시간 문제다.

## 이해의 선행 조건

사실 정주리는 그들을 이해하고자 영화를 만든 게 아니다. 사람들이 사는 세상은 있는데, 그 세상을 '어떻게 하면 발견하고 만들어낼 수 있는지' 궁금하기 때문에 영화를 만들었다. 그러니까 정주리는 그들을 이해하는 것 이전에 인물들이 존재하는 세상이 어떤 곳인지 탐색하고 그들을 둘러싼 세계의 논리를 정립하는 작업에 먼저 착수한다. 사람에 대한 이해는 다음 단계에서 진행해도 늦지 않다. 그것이 인간을 대하는 바람직한 자세고, 세계보다 인간을 우선순위에 두는 태도다. 정주리의 영화는 그래서 세계가 아니라 사람을 말한다. 우리는 사람을 탐구하기 위해서 그들에게 무작정 카메라를 들이대지 않아야 한다는 사실을, 그들의 심리를 낱낱이 파헤친 각본을 정교하게 써 내려가지 말아야 한다는 사실을, 그들의 심리를 어떻게든 효과적으로 서술할 필요가 없었다는 사실을 어쩌면 간과하고 있던 게 아닐까.

"그들의 눈에 담긴 세계, 그들이 피부로 또 온몸으로 감각하는 세계는 어떤 곳인가요." 정주리는 자문하고 연이어 관객에게도 물어본다. 그러기 위해서 만들어낸 소우주, 이곳은 스크린 속에서 일시적으로 명멸하지만 그 찰나의 순간에서만 그들을 이해할 창구가 발견되기에 정주리에게 그러한 영역을 생성하는 일은 필연과도 같다. 따라서 그의 영화 속 시점 숏은 단순한 감정의 형상화가 아니다. 인물이 바라보는 곳엔 항상 잠깐 유지되는 시공간이 있고, 그곳을 바라보는 인물들의 시선을 간접적으로 카메라를 통해 빌리는 관객들은 그들과 멀어지거나 가까워지는 기회를 얻을 수 있다. 단편 〈11〉에는 늙은 친모를 죽인 존속 살인자 딸인 오명숙의 눈에 저 멀리 바다가 아른거리는 구간이 나온다. 그의 눈에 보였던 바다는 도피처 혹은 이상향 혹은 안전지대 혹은 무언가 마음을 정박할 수 있게 하는 곳처럼 보인다. 여자가 친모를 정말 죽였을지도 모른다는 상황 표지를 파악하는 것보다 우선시돼야 하는 건, 그가 왜 이곳에 도달해서 왜 저 바다를 눈에 담아야 하는지 물어보는 일이다. 이처럼 〈11〉은 "너 도대체 왜 그랬니" 대신

"너 그럴 수밖에 없던 이유가 있었니"라는 질문으로 소통의 창구를 열어젖히려는 고유진 경위가 정 감독의 마음을 대변하려는 영화다.

이때 간과해서 안 되는 건 정주리가 그의 필모그래피 내내 '우리가 그들을 이해해야 한다'라고 강요한 적이 없다는 사실이다. 그렇다고 그들에게 영원한 안락을 선사하는 피난처를 마련한 것도 아니다. 그들은 아주 잠깐 찰나 동안만 각자의 연결고리 속에서 각자 버텨낸 상태를 공유하지 않나. 결국 관객에게 정주리의 영화는 무엇인가? 감독 본인은 관객에게 자신의 영화를 어떻게 제시하고 있는가? 이 두 가지 질문에 대한 해답은 그 누구도 알 수 없는 숨겨진 상황 혹은 정보를 극 중 인물들끼리만 공유하거나, 극 중 인물 사이에서도 선별해서 공유한다는 사실로부터 찾아낼 수 있다.

말하자면 감각의 공유와 차단을 오가는 진동이다. 〈영향 아래 있는 남자〉에서 불안감에 휩싸인 남자의 심리를 정작 곁에 있던 식당 내부인들은 전혀 모르고 있던 상황을 떠올려 보자. 관객은 주인공이 안절부절못하는 상태에 놓인 것을 알지만 주변인들은 그걸 꿈에도 모른다. 문제는 지금부터다. 관객들은 현상만 지각하지, 그가 왜 불안한지는 알 수 없다. 음식을 남기면 안 된다는 식당 주인의 말에 혼자 짓눌려 혼날까 봐 급하게 김치볶음밥을 입으로 밀어 넣는 남자. 그의 입가엔 밥알이 덕지덕지 붙었다. 이 밥알은 어떤 의미인가. '칠칠찮게 음식을 입에 묻히고 먹는다니 쯧쯧' 저쪽 테이블의 사람은 이런 생각을, 식당 주인은 '뭐가 저렇게 급해서 입에 밥알이 묻는지도 모를 정도로 밥을 먹는 걸까'라는 생각을 할지도 모르는 일 아닌가. 그렇다면 남자의 세상은 그만의 것이 된다. 남자는 자신의 감각을 그 누구와도 공유할 수 없고 주변의 누구도 그의 심리와 행위 사이 인과를 파악할 수 없다. 관객 역시 그와 어떤 지점은 공유하지만, 어떤 지점에선 차단당하고 있다.

〈도희야〉에서 영남이 이별로 인한 고통을 잊기 위해 술을 들이켜는 모습에서도 비슷한 담론이 이어진다. 그가 정성껏 물 대신 술로 채워 넣은 2L짜리 생수 페트병을 떠올려 보자. 페트병 속 술은 마셔보지 않으면 알 수 없기에 영남의 주변인들이 그 페트병 속의 술을 술이라고 생각할 수 없다는 사실 자체가 인물과 영남 사이 접속이 실행될 수 없다는 걸 지시한다. 이 같은 감각의 교란은 극을 이끄는 인물, 그리고 그와 관계 맺은 인물의 결합을 막아 인물을 고립시킨다. 이 고립은 다른 관계 맺음을 위한 선행조건일 수도 있고, 인물을 관객과 이어주기 위한 사전 작업일 수도 있다. 한 가지 확실한 건, 인물의 내면을 묘사하는 데 있어 〈도희야〉는 영남만의 세계를 존중해준다는 점이

다. 외부의 개입이 허용되지 않는 자그마한 보루를 마련해둔 셈이다.

〈11〉의 고유진이 마지막에 꾼 악몽도 그렇다. 우리는 도주 중인 그 여자가 결국 친모를 살해했는지 등 사건의 내막 혹은 진위를 온전히 가려낼 수 없다. 본편 속에서 TV 속 화면을 통해 경찰에 붙잡힌 여자의 향후 운명이 중계되긴 하지만, 범죄 현장이 실제 어땠는지는 아무도 모른다. 그 이후 마치 현장처럼 생생하게 엉겨 붙는 신에서 여자는 어머니를 식칼로 마구 찌른다. 물론 이 구간은 고유진 경위가 고통스러워하며 꾼 한낱 꿈처럼 보인다. 사실 그게 꿈이라는 것을 관객이 알아차렸다고 해도 달라지는 건 없다. 유진에게도 역시 달라지는 건 없다. 그 꿈을 꿨다고 해서 명숙의 내면을 완벽하게 음미했다고 말할 수는 없지 않은가. 여전히 여자와 유진 사이 연결은 요원하고, 관객 역시 여자와 연결될 수 없다.

더 나아가 때때로 정주리의 영화는 인물을 관객과도 분리한다. 〈다음 소희〉에서 소희가 갔던 곳을 유진이 방문하면서 얻는 감각이 좋은 예시다. 술집의 문이 살짝 열려 있고 뉘엿뉘엿 지는 햇볕이 문틈으로 들어와 유진의 발에 지그시 닿는다. 이때 관객만이 유진의 발에 닿는 그 햇살이 앞서 소희에게도 닿았다는 사실을 알고 있다. 정주리는 이 장면을 통해 소희와 유진이 관객을 거쳐 연결될 수 있도록 하지만, 역설적이게도 소희와 유진은 서로 접속됐다는 감각을 나눌 수 없다. 두 사람이 처한 시공간은 전혀 다르고, 유진은 죽은 소희의 흔적을 따라갈 뿐이다. 무작정 연결되지 않은 채 누군가는 소외되거나 차단당하고, 누군가는 뜻하지 않게 어떤 이와 연결된다. 이 진동 속에서 인물들은 각자만의 소우주를 만끽한 뒤, 그 속에서 관객들을 마주한다. 그래서 정주리의 영화에서 인물을 온전히 이해하는 일은 애초에 성취될 수 없다.

〈다음 소희〉의 결말부도 그렇다. 물에 빠져있던 소희의 휴대전화를 수사팀이 발견했고, 영상 한 개를 제외하고는 모든 자료가 지워져 있다. 소희는 생전 유일하게 성공했던 안무 영상을 핸드폰에 남겨놓았다. 유진은 핸드폰을 뒤적이다가 영상을 재생한다. 그 누구도 알아주지 않았던 순간을 혼자 만끽했을 한 학생의 뿌듯한 얼굴이 짙은 잔상으로 어른거린다. 그 학생의 심정을 과연 누가 온전히 알아줄 수 있을까. 남아 있는 거라고는 휴대전화 속 영상이 전부다. 관객뿐 아니라 유진도 이제는 환호하는 소희를 같은 시공간에서 똑바로 마주할 수는 없는 노릇이 아닌가.

## 영화로만 남고 영화에만 머무르기

지난해 〈다음 소희〉가 영화제에서 주목을 받은 뒤 일반 극장가에 개봉했던 올해 2월 무렵, 정 감독은 당시 수많은 언론과의 인터뷰에서 실제 벌어졌던 청소년 콜센터 노동자 사망 사건에서 착안해 영화를 제작했다고 밝혔다. 한겨레 역시 영화의 모티브가 된 실제 사건의 피해자 가족과의 인터뷰를 보도하기도 했을 만큼, 〈다음 소희〉가 불러온 사회적 파장은 상당했다. 그렇다면 〈다음 소희〉는 현실의 거울인가?

영화가 현실을 반영할 때 재현율을 높여 선명도를 강화하는 작업은 중요한 게 아니다. 현실과 영화 사이 어떤 장벽이 있는지 창작자가 의식하는 일이 우선순위 상단에 있어야 한다. 이때 〈다음 소희〉는 현실과 영화 사이 장벽을 굳이 무너뜨릴 생각은 없는 영화로 보인다. 그러니까 감독에게 영화는 현실을 다시금 돌아보게 하는 매개체에 가깝다. 그런 점에서 정주리는 〈다음 소희〉 이전에도 현실 요소를 극에 적극 빌리는 모습을 보여왔는데, 자신의 철학을 필모그래피에 정직하게 적용한다는 점에서 일관성을 유지한다.

그는 자본의 논리와 흐름 속에서 자신만의 길을 찾아 나선다. 과거의 연출작에 배어 있던 흔적을 돌아보며 자신이 어떤 목소리를 내고 싶었는지 끊임없이 점검한다. 〈나의 플래시 속으로 뛰어든 개〉가 다뤘던 내면의 죄책감, 아동 성폭행이라는 소재가 〈도희야〉로 이어지는 것처럼 말이다. 특히 인물들이 그렇다. 〈11〉의 고유진 경위는 이후 그의 장편 〈도희야〉에서 이영남 경감, 〈다음 소희〉에서 오유진 경감으로 다시 분화되어 등장한다. 〈영향 아래 있는 남자〉에서 독감에 걸린 채 식당을 찾은 주인공은 주변 환경에 시시각각 크게 영향을 받고 있었다. 향후 그의 장편에 등장하는 도희와 소희 역시 주변 사회 환경에 따라 언제든 달라질 수 있는 존재이기에 역시 그의 출발부터 함께한 인물상이 반영된 존재다. 도희는 군무를 추는 아이돌에 푹 빠져 그들의 안무를 카피한다. 소희도 춤꾼인 남자친구, 춤 동아리 사람들과 함께 안무 연습에 매진한다. 혼자만의 시간을 만끽할 때 늘 춤 연습에 몰두하는 그들은 어쩌면 몸짓을 통한 소리 없는 외침으로 저항할 수 없는 세상의 논리에 나름대로 몸부림치고 있는 것일지도 모른다. 춤을 추는 도희와 소희를 시시각각 감싸는 공기는 그들이 내뱉는 호흡과 뒤섞이면서 그들 각자를 위한 시공간을 빚어내고 있다.

　　사실 정주리의 영화 속에서 배우들은 군이 그 배역을 체화할 필요가 없다는 사실도 제법 중요하다. 〈도희야〉와 〈다음 소희〉에 모두 주연으로 출연한 배두나는 커다란 눈동자 속에 맴도는 회한과 우수, 싫증난 감정 따위의 요소들을 무기로 내세운다. 그가 지닌 특유의 연기 톤이 〈도희야〉 속 영남을 표현할 때도, 〈다음 소희〉 속 유진을 표현할 때도 드문드문 엿보이는 것 또한 문제가 되지 않는다. 정주리의 세계는 영화와 현실 사이 명확한 장벽을 상정한 채로 작동하기 때문이다. 배두나가 군이 완벽한 영남이자 빈틈없는 유진이 될 필요가 없다는 말이다. 그래서 중요한 건 영화를 만들어가는 이들의 철학이다. 정주리의 세계가 왜 지속되어야 하는지, 어째서 배두나가 〈11〉의 경찰이 분화된 존재를 계속해서 연기하면서 배역에 이입해야 하는지가 중요한 셈이다. 따라서 현실을 질료 삼는 그의 영화에서 역설적으로 고증은 중요한 요소가 아니다. 핍진성을 살리는 일 역시 영화를 바라보는 필터가 되어서는 안 된다. 실화를 프리즘 삼긴 했으나 관객들은 해당 사건에 대한 사전 정보가 있든 없든, 영화를 따라갈 수 있어야 한다. 결국 "지금 지속하고 있는 영화 속 현실이 스크린 바깥으로 침범하려면 어떤 일이 벌어져야 하는 것인가요"라는 질문이 정주리의 영화에선 성립될 수 없다.

　　정 감독의 영화는 현실의 대체품이 아니고, 현실을 바꾸는 구원자도 아니다. 어디까지나 타협과 얽힘 그 어딘가의 언저리에서, 인물들은 서로가 서로에게 연결되거나 차단되는 경험을 잠시 느낀다. 그 찰나만 유지되는 관계 맺음의 상태를 관객에게 보여주는 것. 그게 바  로 정주리의 영화다. 영화가 끝나면, 인물들 역시 사라진다. 영화는 원래 그런 것이다. 카메라가 꺼지고, 편집이 끝난 뒤 작품의 상영 시간이 정해지면, 허용되는 생명력은 그 시간 동안만이다. 그래서 정주리는 영화가 상영되는 동안 만큼이라도 자신이 해야 했거나, 할 수 있는 것이라고 여겨온 일을 차근차근해나가고 있다. 혹자는 말한다. 어떤 영화는 영화가 끝난 이후부터 시작된다고. 하지만 정주리의 영화는 상영되는 동안 펼쳐낸 소우주를 지속시킬 생각이 없다. 애초에 그럴 수 없기 때문이다.

〈도희야〉에서 영남은 도희의 새 학기 교복을 맞춰주러 교복점을 찾는다. 도희가 치수를 재는 동안 영남은 도희를 기다린다. 이 장면에서 카메라는 가게 바깥에서 유리 창으로 두 사람을 들여다본다. 건물 내부에서 벗어난 카메라는 유리라는 필터를 두고 두 사람과 거리 두기를 선언한다. 그저 평온한 일상. 대화가 오가지 않아도, 여느 집의 언니와 동생 혹은 이모와 조카, 아니 어쩌면 엄마와 딸처럼 보이는 자연스러운 일상의 한 페이지. 그들의 안전가옥은 그렇게 찰나의 숏에서만 피어오른다. 따라붙는 숏에서 카메라는 교복점 안으로 들어가 버렸으니 이제 소우주가 소멸할 시간이다. 몸에 딱 맞는 교복을 입고 즐거워하는 도희를 향해 영남은 "내년 여름에 입을 하복도 사자"고 엷은 미소와 함께 말한다. 환희하는 도희. 하지만 관객은 이 시점에서 도희의 얼굴을 직시할 수 없다. 거울에 비친 도희의 얼굴만 보일 뿐, 도희를 바라보는 영남만 보일 뿐, 도희를 쳐다보는 가게 주인의 형상만 얼핏 보일 뿐이다. 도희의 얼굴이 사라진 자리, 소우주는 존속할 기회를 잃어버린다. 정주리의 세계는 늘 이런 식이었다. 생성되는 영역을 가만히 내버려 두지 않기 때문이다.

결국 〈도희야〉는 영남의 차 안에서 시작해 다시 영남의 차 안에서 끝난다. 정주리의 영화에서 자동차는 그들을 감싸는 물리적인 속성을 차치하고 보더라도, 그들을 세계에서 분리해냈을 때 생성되는 독립 우주의 역할을 당연히 수행하는 공간이다. 그들이 서 있는 세상은 험난한데, 차를 타고 가는 두 사람은 외압에서 차단된 채로 서로에게만 의지할 수 있기 때문이다. 하지만 그들의 연결은 영영 지속되기 힘들다. 자동차 안에서 두 사람은 평화와 안도, 설렘과 행복을 고루 만끽하지만, 차량을 벗어난 순간 그 감정은 종결에 이른다.

물론 〈도희야〉에서 영남과 도희가 선택한 동행을 온전히 받아들이는 데 어려울 수 있다. 하지만 그들이 빗길을 뚫고 달리는 차 안에서 나누는 공존의 감각이 잠시나마 유지된다는 점에서 영화는 그들만의 세계를 지켜주려고 하지 않나. 영화는 그들의 행선지를 궁금해하지도 않고, 그들이 앞으로 어떻게 살아갈 건지도 표출하거나 드러내지 않는다. 카메라도 그들에게 시선을 거두는 방식이 아니라 멀어지는 차를 지그시 응시하는 선택을 내렸다. 그들은 멀어지고 사라진다. 그곳이 어딘지는 그들만 알까? 아니 그들도 모를 테다. 그렇게 영화는 끝이 났다.

정주리의 세계는 영화로만 남아야 하고, 영화에만 머물러야 한다. 오히려 현실과 영화의 무분별한 교차점과 충돌점을 양산하지 않은 탓에, 역설적으로 그의 영화는 사람을 말하고 세상을 담아내는 생성 지대가 될 수 있다. 그들을 억지로 우리네 세계로 데려올 필요가 없다. 그들의 세상에서 그들의 삶이 지속될 수 있는가? 중요한 건 그들의 삶이 생겨났고, 짧든 길든 존재한다는 사실이다. 이제 할 수 있는 건 그렇게 생겨난 그들의 우주를 지켜주거나 바라보는 일뿐이다. 스크린 바깥의 우리가 품을 수 있는 선택지는 몇 가지 없지만 그들의 우주가 잠시나마 피어났다는 것만으로 충분하다.

# 〈범죄도시 3〉, '마석도'가 되려는 마동석 vs 마석도가 '되려는' 마동석

## 송상호

〈범죄도시 3〉은 선명한 기획 의도 속에서 극장가를 지배하려는 야심을 드러냈고 흥행에 성공했다. 영화에 배어 있는 창작·제작자들의 마음가짐이 오히려 너무 투명하므로 굳이 왈가왈부하고 싶은 마음이 사라진다. 〈범죄도시〉 시리즈가 겨냥한 목표는 뚜렷하다. 더 많은 관객을 극장으로 불러모으는 것. 이를 위해선 대중성의 확보, 눈길 끄는 볼거리를 마련하는 작업이 중요하다. 이때 〈범죄도시〉 시리즈가 호쾌한 액션을 곁들인 마동석의 이미지를 극한으로 끌어올렸을 때 터져 나오는 에너지를 연료 삼아 굴러간다는 점에서 출발해보자. 마석도, 아니 마동석을 두고 우리는 누구로 호명해야 하는 걸까.

〈범죄도시 3〉에선 마석도가 복싱 스타일로 상대를 구타할 때, 맞는 이의 시점을 빌리는 듯한 카메라 운용이 발견된다. 지난 1, 2편에서 보여줬던 카메라 워크와는 확연히 다르다. 초롱이가 운영하는 클럽을 습격해 쑥대밭으로 만드는 시퀀스, 그리고 칼잡이 리키와 결전을 벌이는 시퀀스가 그렇다. 이때 활용되는 시점 숏이 관객에게 어떻게 스며들 수 있을까. 먼저 1인칭 시점처럼 느껴지기에 마석도의 주먹에 대한 물리적 감각이 극대화되는 효과를 준다. 하지만 무의식중에 관객들은 이 주먹이 마석도의 것이 아닌 마동석의 것이라는 인식의 변화를 겪을 수도 있다. 그 이유가 있다면 마석도의 복싱 액션은 아마추어 선수 수준의 복싱 실력을 소유한 마동석 배우 고유의 정체성에 크게 빚지고 있기 때문이다. 이때 카메라를 떨어뜨려 때리는 대상과 맞는 대상을 함께 잡을 때면, 인물들을 둘러싼 시각적인 상황 표지가 더욱 명확해지기 때문에 공간을 점유하는 존재를 '범죄자를 응징하는 마석도'로 부를 수 있겠으나, 주변 환경이 지워진 채 마석도만 시야에 가득 차는 1인칭 시점이 되면 마석도는 그 찰나의 순간 동안 '수준급 복싱 실력을 지닌 마동석'이 된다.

〈범죄도시 3〉이 마석도를 온전히 마석도로 빚어내지 못한다는 사실은 그가 뱉는 대사를 통해서도 확인할 수 있다. 특히 영화 스스로가 지난 시리즈의 자장 아래 갇혀있다는 걸 굳이 숨기지 않고 있다는 점이 중요하다. 이때 마석도가 그동안 뱉어냈던 대사들이 그대로 활용된다는 점이 눈에 밟힌다. 그러니까 마석도는 마석도로서만 존재한다기보다는 영화의 제작자이자 주축으로서 깊게 관여하고 있는 마동석의 분신처럼 기능한다. 지난해 개봉했던 2편 속 마석도는 강해상과 벌였던 버스 안 결전에서 이런 대화를 나눴다. "돈 필요해? 어떻게 좀 나눠줘? 5대5로 나눌까?", "누가 5야?". 극 중 설정으로 봤을 때 3편의 무대는 2편으로부터 7년이 지난 시점으로, 마석도와 주성철이 서로 죽일 듯이 달려드는 최후의 대결에서 이 대화가 재차 소환되는 장면에 주목하자. "야 마석도, 나랑 거래 하나 하자. 저 약 300억이야. 우리 둘이 나누면…", "야, 야 5대5 얘기는 꺼내지도 마, 어차피 내가 5잖아." 이제 마석

도의 입장을 들여다보고 싶다. 과연 마석도는 강해상과의 결전을, 7년이 지난 지금도 묻어뒀던 기억 속에서 꺼내올 만큼 인상적인 순간으로 기억하고 있을까?

그러니까 이 시리즈가 선택한 전편의 오마주는 캐릭터를 감싸는 세계를 조금 더 공고히 쌓아 올리고 가꾸는 작업이 전혀 아니다. 제작진은 그저 〈범죄도시〉라는 프랜차이즈의 연속성을 강조하는 데에만 혈안이다. 마석도가 광수대로 옮기기까지 얼마나 많은 범죄에 대응하고, 얼마나 많은 현장에서 우여곡절 끝에 범인을 검거했을까? 이런 사항들이 소거된 채, 오로지 강해상과 주성철 사이의 7년은 딸랑 '5대5' 대사 한 줄로 연결될 뿐이다. 다시 말해 〈범죄도시 3〉이 내세운 시리즈의 연결점은 세계관 내부를 위해서가 아닌, 스크린 바깥의 관객들만을 위한 유희 거리로만 소비된다. 마석도는 영화 속 세계에서 마석도로 존립할 수 없다. 이 지점에서 〈범죄도시 3〉은 스크린 내부의 논리를 무시한 채 관객과 인물 사이 접점을 키워나가려는 욕심을 숨기지 않는다.

그렇다면 〈범죄도시 3〉은 마석도와 마동석 사이의 연결고리를 어떻게 형상화한 뒤 꿰어내고 있는 걸까? 이때 〈범죄도시〉 시리즈는 육체를 내세운

영화면서 동시에 육체 없이는 성립될 수 없는 영화지만, 시리즈 사이의 연결고리를 마동석의 육체가 아닌, 마동석이라는 배우가 지닌 정체성에만 의존하려 든다는 점에서 의문 부호를 자아낸다. 말하자면 마석도로서 기능하는 마동석의 육체, 그리고 마석도가 되고 싶은, 마석도로 분하고 싶어 하는 마동석의 자아가 원활하게 합체하지 못한 상태. 일례로 〈미션 임파서블〉의 톰 크루즈는 자신이 에단 헌트에 빙의해야겠다는 데 대해 거리낌이 없었다. 육체의 극한을 뛰어넘으려고 하는 시도들, 대역 없이 에단 헌트의 액션을 직접 수행하려는 건 대체되지 못하는 진정성을 관객과 나누기 위한 의지의 산물이었을 테다. 하지만 마동석은 마석도에 빙의하려 드는 데에 얼마간 고민을 거듭하고 있는 것처럼 느껴진다. 대신 그는 자신을 포함한 대중이 생각했을 때 '바람직해 보이는 마석도의 인물상'을 구현하기 위해 시리즈마다 조금씩 존재성을 조정하고 있다. 그래서 〈범죄도시 3〉이 전편의 대사를 그대로 가져와 소비하고 있다는 사실은 관객들이 마석도의 세계관, 마동석의 야심 그 어느 쪽에도 온전히 스며들 수 없다는 걸 의미하는 명백한 증거가 되는 셈이다.

관객들은 실베스터 스탤론을 람보로, 브루스 윌리스를 존 맥클레인으로, 맷 데이먼을 제이슨 본으로, 톰 크루즈를 에단 헌트로, 키아누 리브스를 존 윅으로 호명하고 인식하고 취급하는 데 대해 큰 거리낌이 없다. 하지만 마동석을 마석도로 호명하는 순간, 묘한 균열이 생겨난다. 아직까지 마동석은 마동석이다. 아니 어쩌면 마동석은 길가메시(〈이터널스〉)이자 윤상화(〈부산행〉)이자 마석도(〈범죄도시〉)…그 어딘가를 떠돈다. 그는 본격적으로 마석도로서의 마동석을 빚어내고 있지만, 방향을 다잡기는 쉽지 않아 보인다. 〈범죄도시 3〉은 그런 점에서 시리즈의 확연한 분기점이다. 2편까지 크게 돌출되지 않았던 문제가 수면 위로 고개를 내밀었기 때문이다. 마동석은 진정으로 마석도가 되고 싶었던 걸까? 어쩌면 마석도가 되려는 자기 자신의 행보 자체를 알리고 싶었던 건 아닐까? 〈범죄도시 3〉은 그 혼돈의 감각이 어지럽게 맴도는 무법지대다.

# 영평상 신인평론상 수상소감

송상호

뻔한 말처럼 들리겠지만, 글을 쓰는 행위가 절대 혼자서 성립될 수 없다는 점을 이번에 크게 실감했다. 비평이든 수필이든 기사든 뭐든 말이다. 여전히 내게 있어 글은 자아를 비춰보는 거울이지만, 글이 각자의 내면에서 뛰쳐나와 세상과 조우하기 위해선 역설적으로 사람들과 맺는 '관계'가 절실하다는 점이 정말 신기하다. 만약 혼자였다면 장평 원고를 절대 완성할 수 없었다. 정주리 감독과 홍대 인디스페이스에서 만나 〈다음 소희〉에 관해 인터뷰했던 2월 말의 어느 저녁을 떠올린다. 그와 40분가량 대면하면서 머릿속을 스쳤던 생각들이 있었고, 대화가 끝난 뒤 퇴근하는 길 버스 안에서 기사화할 내용 말고도 흥미를 느꼈던 지점들을 휴대폰 메모장에 옮겨놓았던 기억이 아직도 선명하다. 그에 관한 글은 그렇게 시작됐다.

내 곁을 스쳐가거나 맴돌고 또 계속 머무르는 수많은 이들 덕분에 지금도 여전히 글을 쓰고 있다. 그들 전부를 열거하지 않을 거라면, 아예 언급하지 않느니만 못하다는 생각에 감사 인사는 이곳에 펼쳐놓는 대신 따로 전했다. 등단에 큰 의미를 두고 싶지는 않다. 영화를 보고 나면 메모장에 단상과 키워드를 두서없이 흩뜨려 놓고, 극장을 나와 천천히 걷다가 좋았던 장면을 음미하고, 블로그에 접속해서 자판을 두들기던 지난날의 기억은, 과거에만 갇혀 있는 게 아니라 인생 타임라인 전체에 공존하는 순간이다. 사실 어째서 영화를 보고 글을 남겨야 하는지 아직까지 이유를 찾지 못했다. 영화와 글은 달라도 너무 다르다. 그 간극이 벌어져 있다는 말은, 바꿔 말하면 채워 나갈 틈이 많다는 게 아닐까. 어떻게 채워나갈지 고민하는 과정이 눈앞에 펼쳐져 있다.

# 한국영화평론가협회 영평상 평론 부문 심사평

### 문학산 (영화평론가)

위기의 시대는 늘 밀물처럼 다가와 전망의 창구를 열어갔다. 영화 보다 영화비평의 위기가 먼저 다가왔으며 영화평론은 지면에서 소외라는 관행이 고착되어 가고 있다. 이와 같은 징후와 경보음 속에서 우리는 영화 비평의 길을 재성찰하게 된다. 예리한 시각과 담론으로 위기를 타개하고 새로운 시대를 열어갈 초인같은 신인을 기다리는 것은 과욕이기도하고 정당한 요청이기도 하다.

본심에 올라온 응모작은 다섯 편이었다. 정주리 감독론이 두 편으로 정주리 감독에 대한 관심이 높았다. 죽음의 징후와 카니발리즘 그리고 매체성과 상상력이라는 개념으로 텍스트를 조탁하려는 평론들이 장점과 아쉬움을 담보하고 있었다.

'시대의 문제를 빗겨가는 죽음의 징후들 – 〈벌새〉, 〈아워바디〉, 〈밤의 문이 열린다〉'는 정치한 분석이 돋보였으나 비평의식의 날카로움에서 아쉬웠다. 〈유령이 될 수 없는 이유 – 정주리 감독론〉은 가독성이라는 장점을 갖추었으나 사유의 한계가 풍부한 해석의 장을 열어가는데 걸림돌이 된 것 같다. '〈에브리씽 에브리웨어 올 앳 원스〉 – 무한한 상상력과 닫힌 영화'는 매체성과 몽타주라는 개념이 비평적 글쓰기에서 긍정적 역할을 수행하기 보다 가독성을 제한하고 명쾌한 논지 전개와 논점의 명확성을 북돋지 못한 것 같다.

남은 두 응모작은 평가의 저울에 올려놓았을 때 팽팽한 수평선을 그렸다. 심사위원들은 지속가능한 글쓰기의 가능성과 영화에 대한 공감과 소통 능력 그리고 비평가의 문제 의식을 가치판단 기준으로 삼아 두 작품을 다시 살펴보았다.

　　송상호의 '정주리 감독론 : 찰나의 생성 지대'와 '〈범죄도시 3〉'에 대한 단평은 모두 준수한 글쓰기와 한 작가를 꿰뚫고 있는 일이관지의 힘이 가독성과 독창성을 빚어냈다. 정주리 감독의 단편부터 장편까지 전 작품을 넘나들면서 작가적 서명과 주제 의식을 포착하는 힘과 이를 설득하는 문체의 단아함이 돋보였다. 〈범죄도시 3〉의 단평은 마동석이라는 캐릭터가 범죄도시 시리즈의 상업적 성패에 어떤 인과성을 지니고 있는가라는 질문에 적절히 답하면서 구어체와 같은 잘 읽히는 문체도 장점으로 부각되었다. 가독성과 작품에 대한 애정이 행간에 보인 글로 여겨진다. 김윤진의 '영화 속 식인과 살인을 둘러싼 카니발리즘적 욕망에 대하여 -〈로우(Raw)〉와 〈본즈 앤올(Bones and All)〉을 중심으로'와 단평 '〈물안에서〉가 암시하는 관객의 (그리고 영화의) 운명에 대하여'는 장르를 통해 시대의 징후를 읽어내는 사유의 힘과 하나의 텍스트를 통해 작가 홍상수의 변화를 읽어내고 이를 언어로 꿰어내는 힘이 신뢰감을 주었다. 카니발니즘이라는 용어가 문화인류학적 맥락에서 풍부하게 사용되지 않은 점은 옥의 티였지만 홍상수의 텍스트를 독창적으로 읽어내는 시선과 이를 영화의 운명과 관객의 운명까지 연결하여 사유하는 힘은 독창적인 글쓰기의 가능성을 엿볼 수 있게 하였다. 선정된 두분께 축하의 말씀을 전한다. 영화의 위기 시대에 비평의 운명은 위대한 정신과 담대한 글쓰기를 통해 동트는 새벽을 맞이할 수 있기를 기대한다.

　　심사위원을 대표하여 문학산.

Korean Film Critiques

# 영평상 특집

〈영평 10선〉 - 손시내

한국영화평론가협회가 매년 선정하는 '영평 10선'은 그해 한국 영화의 지형과 비평의 시야를 함께 보여주는 척도가 돼왔다. 일상의 회복과 수많은 변화를 동시에 말할 수밖에 없던 올 한 해, 우리는 어떤 한국 영화를 보았고 한국 영화에서 무엇을 이야기하려고 했을까? 2023년 영평 10선 목록은 다음과 같다. (가나다 순)

〈같은 속옷을 입는 두 여자〉 (김세인)
〈다음 소희〉 (정주리)
〈드림팰리스〉 (가성문)
〈물안에서〉 (홍상수)
〈밀수〉 (류승완)
〈비닐하우스〉 (이솔희)
〈비밀의 언덕〉 (이지은)
〈올빼미〉 (안태진)
〈킬링 로맨스〉 (이원석)
〈희망의 요소〉 (이원영)

올해 영평 10선에는 인상적인 데뷔작이 고루 포진해 있다는 점이 가장 먼저 눈에 띈다. 코로나19와 함께 영화계도 오랜 몸살을 앓았지만 곳곳에서 끊임없이 새로운 감독들이 반짝이는 영화를 들고 등장했다는 사실이 위안과 기쁨을 전해준다. 동시에 저마다의 사연과 다양한 욕망을 지닌 여성 캐릭터들의 활약도 반드시 짚어야 할 특징이다. 사극과 시대극은 여전히 역사 속에서 새로운 이야기와 영화적 무대를 발굴하려는 노력이 끊이지 않고 있다는 사실을 보여준다. 장르적 특성이 두드러지는 영화들은 그 개성적인 만듦새 사이로 사회적 발화를 이어간다. 최소한의 요소로 영화라는 건축물을 지을 수 있을지 고심하고 실험해 보는 영화들 또한 여전히 우리 곁에 있다.

여름에 개봉해 흥행에도 가뿐히 성공한 〈밀수〉는 70년대를 배경으로 여성들의 범죄 액션 활극을 펼쳐 보이는 영화다. 가상의 바닷가 소도시 군천을 무대로 한 영화는 춘자(김혜수)와 진숙(염정아)을 비롯한 여성 인물들의 매력과 액션의 쾌감을 동력 삼아 서사를 점차 넓혀간다. 〈밀수〉는 70년대라는 시대는 물론이고 수중 액션이라는 새로운 영역까지 영화의 무대로 삼은 볼거리 가득한 장르물이다. 물질로 생계를 이어가던 해녀들은 화학공장의 등장으로 일거리를 잃고 대신 밀수품 건지는 일을 하게 된다. 이 과정에 세관의 압력과 내부자의 배신 등 다양한 사건이 벌어지며 군천은 피바람 부는 복수의 땅이 된다. 그 와중에 생명력 강한 여성들의 몸짓은 영화를 가장 아래서 붙들고 지탱하는 핵심 요소다. 이들은 정부의 통제와 폭력적인 남성들의 패권 다툼 사이에서 먹고 사는 일을 걱정하고 동료의 안위를 염려하며 거침없이 바다에 뛰어든다. 이는 ('세금' 운운하는 대사가 보여주듯) 그간의 소시민 서사와도 어느 정도 거리를 두는 새로운 인물상이다. 한편 〈밀수〉는 70년대 여성 수난 서사를 다룬 호스피스 영화들과 후반부 등장하는 상어가 떠올리게 하는 〈죠스〉(스티븐 스필버그, 1975) 같은 동시대 할리우드 영화를 동시에 불러오는 독특한 작품이기도 하다.

〈킬링 로맨스〉는 장르적 세계에서는 무슨 일이든 일어날 수 있다는 말을 매우 무모하고 유쾌하게, 정면 돌파하며 실현해 본 사례다. 불교적 세계관을 떠올리게 하는 주인공의 이름 여래(이하늬)와 범우(공명)부터, 뜬금없이 시작되는 뮤지컬 장면, 범상치 않은 리듬과 박자까지, 〈킬링 로맨스〉는 보는 이를 당황케 하는 요소들로 가득하다. 그런데 신기하게도 그렇게 영화와 함께 끝까지 가다 보면 눈시울 붉히며 뭉클해지는 순간도 찾아온다. 영화의 중심에 자유를 향한 여래의 소망과 그런 여래에 대한 팬들의 조건 없는 사랑이 있기 때문일 테다. 여래는 한때 인기 있는 배우였으나 '콸라섬' 왕자 조나단(이선균)을 만나고 '겉으로 티 나지 않는' 가혹한 통제 속에서 옴짝달싹 못 하는 처지가 된다. 우연히 그들의 앞집에 살게 된 여래의 오랜 팬 범우는 기상천외한 방법으로 여래의 해방을 돕는다. 〈킬링 로맨스〉는 정신없는 리듬 속에 가정폭력과 가스라이팅의 덫에 걸린 한 여성이 용기를 얻고 세상에 나오기까지의 과정을 담아낸다. B급 정서로 무장한 극도로 세공된 무대는 이처럼 강력하게 현실을 지시하는 내용의 서사를 비교적 안전하고 재미있게 관람할 수 있게 한다. 물론 그 현실의 무게 때문인지 한참 웃고 난 뒤에는 끝내 뒤통수가 아려오고 만다.

〈드림팰리스〉는 현실로 좀 더 쑥 들어간다. 고급 아파트를 연상케 하는 제목에서부터 영화가 현실의 계층 문제를 다루려 한다는 점이 분명히 드러난다. 여기서는 산업재해와 미분양 아파트 같은 사회 문제가 촘촘히 얽혀 주인공들의 삶의 조건을 만들어낸다. 혜정(김선영)과 수인(이윤지)은 산업재해로 남편을 잃고 진상규명을 위해 함께 싸운 유가족 동료지만 이후엔 다른 길을 간다. 합의금을 받은 혜정은 '드림팰리스'에 입주하고 수인은 투쟁을 이어간다. 문제는 아파트 전체 분양이 마무리되지 않은 탓에 혜정의 집이 안락한 보금자리로 기능하지 못한다는 사실이다. 혜정은 녹물이 그치지 않는 집에서 제대로 살아보기 위해 고군분투하는 동시에, 기어이 타인의 사정을 신경 쓰고 함께 잘살아 보자고 말하는 인물이다. 물론 두 의도 모두 가로막힌다. 거대한 자본의 벽 때문에, 그리고 그 벽이 만드는 이웃과의 분열 때문에. 〈드림팰리스〉는 한국 사회에서 아파트라는 공간이 갖는 복잡한 의미를 환기하면서, 오늘날 가해와 피해의 경계에 머물 수밖에 없는 인물의 초상을 제시한다. 물론 영화는 극적 사건을 통해 결말로 향하며 열어두었던 가능성들을 자연스레 구부린다. 가성문 감독은 첫 번째 장편 영화를 통해 현실과 영화 사이의 미묘한 틈새를 탐색해 본 듯하다.

또 하나의 인상적인 데뷔작 〈비닐하우스〉에서 비극은 어느새 손 쓸 수 없이 불어나는 눈덩이처럼 커져 주인공의 삶을 덮친다. 비닐하우스에 살며 소년원 간 아들을 기다리며 태강(양재성)의 집에서 요양보호사로 일하는 문정(김서형)은 그리 큰 걸 바라지도 않고, 모두에게 착한 얼굴만 보여주는데도 좀처럼 고통에서 벗어나지 못한다. 이들과 함께 살 집을 구하는 것이 유일한 목표인 여자는 매일 자기 뺨을 때리며 몸을 일으키고 일터에 나간다. 영화는 그처럼 취약한 상태에 내던져진 인물을 중심에 두고 스릴러물의 화법으로 서스펜스를 구축해 나간다. 문정과 태강은 서로에게 온화하고 상냥한 이들이지만, 각자가 당면한 삶의 무게를 감당하는 과정에서 예상할 수 있는 가장 나쁜 결과를 빚어내고야 만다. 〈비닐하우스〉는 젊은 연출자의 눈에 비친 사회의 구석진 측면이 장르의 화법과 탁월하게 만난 예다. 인물 각자의 당위와 번져가는 비극의 풍경은 설득력과 극적 효과를 동시에 불러온다. 그 안에서 돌봄 노동과 열악한 주거 공간이라는 현실적 화두 역시 존재감을 드러낸다.

〈다음 소희〉 또한 현실과 매우 밀착된 영화다. 특성화 고등학교 학생이 콜센터에 현장실습을 나갔다가 스스로 생을 마감한 실제 사건이 모티브로, 현장실습생의 사망 사건이 그리 낯설지 않은 뉴스가 됐다는 점에서 영화로 들어가는 길목에서부터 슬픔과 안타까움을 전한다. 〈다음 소희〉는 죽음의 진실을 미궁에 숨겨두는 등 장르물의 구조를 빌리지 않고, 그러니까 한 학생이 죽음이라는 사건에 이르는 과정을 있는 그대로 보여주는 방식으로 절망스러운 현실을 극화한다. 춤추는 걸 좋아하고 항상 활발한 10대 소녀 소희(김시은)는 졸업을 앞두고 콜센터에서 현장실습을 시작한다. 영화는 꼼꼼한 취재를 바탕으로 콜센터의 구조가 어떤 방식으로 노동자를 옥죄는지 묘사하고, 소희에게 가까이 다가가 답답함을 나눈다. 〈다음 소희〉는 소희의 죽음이라는 커다란 단절을 영화의 중심에 둔다. 그렇게 부재의 감각을 환기하고 어른의 자리를 질문한다. 영화의 후반부를 이끄는 형사 유진(배두나)은 참담한 세상에 대해 분노하는 동시에, 회사, 학교, 교육청, 노동청이 서로 무한히 책임을 떠넘기는 악순환의 풍경을 마주하는 역할을 도맡는다. 영화는 유진의 입을 빌려 희망과 절망 사이에서 끈질기게 버티며 내일의 비극을 막아보자고 이야기한다.

서로 다른 세대의 여성 인물, 그중에서도 모녀 관계에 대한 주목은 최근 한국 영화를 논할 때 빼놓을 수 없는 화두다. 복합적인 감정으로 뒤엉켜 함께 행복과 불행을 끊임없이 오가는 사이. 서로 미워하면서 사랑을 갈구하고, 상대를 불편해하면서도 안락함을 찾는, 말 그대로 복잡미묘한 사이. 젊은 세대의 여성 감독들은 극영화와 다큐멘터리를 오가며 그러한 모녀 관계의 여러 면모를 살피는 중이다. 김세인 감독의 장편 데뷔작 〈같은 속옷을 입는 두 여자〉는 그러한 일련의 작품 중 아마 가장 크게 주목받은 영화일 것이다. 부산국제영화제에서 첫선을 보인 후 베를린국제영화제에까지 초청된 이작품은 서로를 죽일 듯이 치고받는 모녀, 수경(양말복)과 이정(임지호)의 이야기를 다룬다. 영화는 정말 끝까지 간다. 쌍욕과 손찌검은 기본에, 인물들은 자기 자신의 바닥을 들여다보는 과정도 고통스럽게 거쳐야만 한다. 너 때문에, 당신 때문에 내가 이렇게 살고 있다는 원망의 실체를, 이 뒤틀린 모녀의 관계를 영화는 집요하게 파고들며 끝내 자립의 문제를 중심에 가져다 놓고 질문의 자리를 마련한다.

내 안의 얼룩을 마주하며 나를 더 큰 세상에 자리하게 하는 건 열두 살 소녀에게도 중대한 과제다. 90년대를 배경으로 삼은 〈비밀의 언덕〉에서 가족 때문에 고민 많은 명은(문승아)은 비밀 하나를 가슴에 묻은 뒤 성장의 계절을 맞이한다. 시장에서 젓갈을 파는, 불우이웃 돕기에는 10원도 아까워하는 부모가 부끄러운 명은은 가정환경조사서에 회사원 아빠와 가정주부 엄마의 존재를 만들어 써넣는다. 아직 소녀에게는 원하는 만큼만의 세상이 필요하다. 그러나 글쓰기를 시작하며 명은의 세계는 넓어진다. 비단 긍정적인 의미에서만은 아니다. 그간 외면하고 회피해 온 것들, 그 과정에서 생긴 거짓말의 얼룩과 자기 만족적인 세계의 균열을 마주해야 한다는 뜻이기도 하기 때문이다. 물론 영화는 더 큰 세상을 마주하며 솔직함의 의미를 마주하는 명은을 매몰차게 대하지 않는다. 사려 깊으면서도 나름의 부족한 면을 지니고 있는 어른들이 소녀와 발을 맞추어 걷고, 좀 더 일찍 세상의 어두운 면을 알아버린 친구들이 무심한 얼굴로 등을 토닥여 준다. 〈비밀의 언덕〉은 누군가의 미성숙한 시기를 정확하고도 너그럽게 보아주는 고마운 영화다.

〈올빼미〉는 20세기 이전으로 거슬러 간다. 인조실록에 남겨진 짧은 기록에서 출발해 여백을 채운 이 사극은 학질(말라리아)을 앓았다는 소현세자의 죽음에 미처 전해지지 못한 비밀이 있을지도 모른다고 상상한다. 흥미로운 건 주인공 경수(류준열)의 존재다. 침술사인 그는 앞을 못 보는 시각장애인인데, 빛이 하나도 없는 어두운 곳에서는 희미하게 볼 수 있는 일종의 '주맹증'을 지니고 있는 것으로 묘사된다. 가난한 침술사인 그는 아픈 동생의 병을 고치기 위해 입궐하여 내의원에 들어간다. 영화는 앞을 못 보는 주인공을 따라가며 소리의 풍경을 그려내는 데 집중하기도 한다. 〈올빼미〉는 어두운 곳에서는 볼 수 있는 주인공의 상태를 활용하는 흥미로운 스릴러물이자, '본다'는 문제를 다루는 한국 영화의 한 경향을 보여주는 작품이기도 하다. 촛불 꺼진 어두운 방에서 경수는 소현세자가 죽음에 이르는 과정을 목격한다. 그것을 증명할 수만 있다면 진실을 밝히고 그 자신의 누명도 벗을 수 있다. 그 과정은 추격과 반전이 혼합된 액션 스릴러 장르의 모양새로 드러난다. 지난 몇 년간, 한국 영화는 증거의 보존 및 폭로를 작품의 전략으로 삼았다. 여기엔 명백하고 객관적인 증거, 중립적이고 투명한 눈이라는 신화가 있다. 〈올빼미〉는 흥미롭게도 마지막 길목에서 증거가 무력해지는 순간을 담는다. 그렇게 총체적 진실에 다각도로 접근할 가능성은 다시 열린다.

클로즈업된 신체 이미지, 손과 발을 비추며 시작하는 〈희망의 요소〉는 부부의 이야기를 담고 있지만 서사가 아닌 이미지의 반복을 통해 나아가는 영화다. 사정은 그리 밝지 않다. 주인공은 8년을 함께 산 부부이지만, 아내(박서은)는 다른 남자를 만나고 있고, 남편(이승훈)은 집에 틀어박혀 소설만 쓴다. 파편화된 신체 이미지가 이들의 균열을 먼저 알린다. 두 사람의 몸은 물론이고 손, 발도 좀처럼 만나지 않는다. 게다가 남편은 아내의 눈도 제대로 못 본다. 여기에 도대체 어떤 가능성이 있을까. 그런데 놀랍게도 시선의 조정, 행동의 반복, 소리의 변화 등으로 생기는 화면 구성의 미세한 차이들이 이들의 관계를 점차 예상치 못한 곳까지 몰고 간다. 〈희망의 요소〉는 구체적인 이미지들을 통해 마침내 손에 잡히지 않는 희망을 짐작케 하는 작품이다. 영화는 이야기를 표현하는 것이 아니라 이야기를 만들어 내는 이미지의 힘을 믿는다.

　　〈물안에서〉는 처음부터 끝까지 아웃포커스, 즉 초점이 인물이나 배경에 정확히 맞지 않는 채로 촬영된 영화다. 세부는 뭉개지고 윤곽은 흐릿하기에, 영화를 보는 내내 도대체 무엇을 봐야 하는가 하는 관람자의 근본적 질문을 붙들게 될 수밖에 없다. 영화의 등장인물은 세 명으로, 성모(신석호)의 부탁으로 모인 상국(하성국)과 남희(김승윤)이 바람이 많이 부는 어느 섬에서 영화를 만든다는 것 정도가 기본 뼈대다. 영화 찍는 사람들이 주인공이지만, 〈물안에서〉는 창조의 고뇌보다는 어디에도 머물지 못하고 원하지도 않는데 태어나 애쓰고 힘들게 사는, 세상과 불화하는 청년의 흔들리는 마음과 더 가깝다. 성모는 그런 상태로, 아직 무엇을 찍어야 할지 모르는 채로, 그러나 무언가 담을 수 있길 바라며 영화를 찍는다. 그러니까 단단하지 않은 남자가 흐릿한 영화 속에서 영화를 찍고 있는 것이다. 〈물안에서〉는 그러한 인물의 상황에 또렷한 사운드를 중첩시키며 한 편의 영화에 겹쳐진 여러 개의 층을 환기한다. 그렇게 이 영화는 홍상수의 전작들과 또 다른 방식으로 영화 매체의 곤란을 다룬다. 대상으로 삼는 시간, 공간, 존재의 단일성을 보장할 수 없는, 언제나 흔들리게 마련인 그런 영화의 운명이 여기 새겨져 있다.

# 영평 10선

Korean Film Critiques

# 편집자의 말

# [편집자의 말]

출판이사 **성일권** · 출판간사 **강선형**

한국영화계가 안개 자욱한 어둠의 터널로 다시 접어들고 있다. 팬데믹이 지난해 3년여만에 걷히면서 1천만 관객이 넘는 영화들이 한 두편 나타나면서 팬데믹 이전의 '영광의 시대'가 다시 도래할 것 같은 기대감이 일었지만, 지금 우리는 한국 영화의 죽음을 목도하고 있다. 1년 만에 한국 영화계의 상황이 희망에서 낙담으로 반전한 이유는 무엇일까? 대부분의 전문가들은 넷플릭스부터 디즈니플러스(디즈니+), 티빙, 왓챠, 웨이브, 애플TV 플러스 등 OTT 플랫폼의 인기를 한국 영화계가 침체에 빠진 주된 이유로 꼽고 있지만, 어쩌면 진실은 우리가 미처 깨닫지 못한 디테일에 있는 게 아닐까? 수백 억, 수천 억 원의 제작비에 수십, 수백 억원에 달하는 주연급배우들의 출연료, 화려한 컴퓨터 그래픽 등을 내세운 블록버스터가 우리의 눈과 귀를 지배해온 게 사실이었으며, 우리가 직면한 영화계의 '죽음'은 상업적 블록버스터의 실패인 것이지, 영화의 죽음은 아니기 때문이다. 오히려 2023년의 영화들은 그 어느 때보다도 문제적이었고, 다채로웠다. 한국영화평론가협회가 지난 9월, 수여한 제43회 영평상의 수상작 면모만 보더라도 그 어느 해보다도 작품성이 뛰어난 작품들이 대거 등장했다. 최우수작품상을 받은 영화 '다음 소희'를 비롯해, 류준열 배우가 남우주연상을 받은 영화 '올빼미', 김서형 배우가 여우주연상을 받은 영화 '비닐하우스' 등의 작품들은 기존의 블록버스터와는 달리, 우리 사회에 민감한 문제적 주제들과 탄탄한 시나리오, 탁월한 연출력, 배우들의 열연 등이 눈길을 끌었다. 아이러니하게도 올해 영평상 수상작에서는 제작비가 많이 투입된 블록버스터 영화들이 그다지 주목받지 못했다. 군이 평가한다면, 2023년은 '본격적인 시네아스트의 등장의 해'라고 불러도

좋을 것 같다.

올해 『영화평론』 35호 편집위원회는 먼저 영화의 죽음이 아닌 영화의 재탄생에 주목하며 지면을 마련했다. 이같은 맥락에서 영평이 주목한 올해의 한국영화 5편과 관련해, 정재형 평론가는 이원형 감독의 〈희망의 요소〉를 꼽았고, 윤필립 평론가는 이원석 감독의 〈킬링 로맨스〉, 정민아 평론가는 가성문 감독의 〈드림팰리스〉, 지승학 평론가는 이지은 감독의 〈비밀의 언덕〉, 강선형 평론가는 홍상수 감독의 〈물 안에서〉에 애정 어린 시선을 주었다. 특히 저예산 독립영화인 〈드림팰리스〉의 경우, 공교롭게도 블록버스터급 영화인 〈콘크리트 유토피아〉와 함께, 아파트라는 같은 주제를 다루면서도 아파트가 갖는 자본주의 괴물성을 리얼리즘적으로 예리하게 잘 다루었다는 게 정평론가의 진단이다.

이번 『영화평론』 35호에서는 황영미 평론가와 전찬일 평론가가 직접 프랑스 칸에서 보고 겪은 경험을 바탕으로, 칸이 주목한 영화들을 소개하고, 한국영화계의 과제를 제시했다. 이번 76회 칸 국제영화에는 한국 영화가 경쟁부문에 진출하지 못했지만, 비경쟁부문에서 초청된 〈거미집〉, 〈잠〉,〈화란〉, 〈탈출: 프로젝트사일런스〉 등의 영화들에 대한 가능성을 조심스럽게 탐색했다. 거의 해마다 칸을 방문하는 '칸의 전문 평론가' 전찬일 평론가는 한국 영화들에 칸의 관심을 열거한 뒤, "국내에서 바야흐로 외면키 힘든 '위기론'이 영화계를 뒤덮고 있지만, K-무비를 비롯한 K-콘텐츠를 향한 칸에서의 관심과 애정은 여전히 뜨거웠다"며, "작금의 위기론은 영화를 그저 돈벌이로만 치부하는 관성에서 비롯된 상업적 비관론이 아닐까"라고 지적했다. 한편 이탈리아 우디네에서 열리는 '우디네 극동영화제'를 다녀온 윤성은 평론가는 "북미 관객들을 포복절도시킨 〈바비〉의 유머코드가 한국 관객들에게 외면받은 것처럼, 이와 형식적, 주제적 측면에서 유사점이 발견되는 〈킬링 로맨스〉 역시 외국에서 인가를 더 얻은 작품으로 남게되었다"고 안타까워했다.

신인 감독의 발견을 기록하는 「신인의 발견」에서는 〈같은 속옷을 입는 두 여자〉를 만든 김세인 감독이 주목받았다. 김희경의 평론에 따르면 이 영화가 김 감독의 첫 장편 데뷔작임에도 불구하고, 신인감독의 작품이라고 믿기 힘들 정도로 인물들의 심리를 세밀하고 집요하게 파고들었다. 즉, 이 영화는 제목-인물의 심리 묘사-신인감독으로서의 역량과 가능성이라는 3박자를 골고루 갖춘 작품이라는 것이다.

올해의 〈신인평론상〉은 '영화속 식인과 살인을 둘러싼 까니발리즘적 욕망에 대하여-〈로우(Raw)〉와 〈본즈 앤 올(Bones and All)〉을 중심으로'라는 장편, '〈물안에서〉가 암시하는 관객의 (그리고 영화의)운명에 대하여'라는 단평을 제출한 김윤진씨와, 장편 '정주리 감독론: 찰나의 생성시대', 단평 〈범죄도시3: '마석도'가 되려는 마동석 vs 마석도가 '되려는' 마동석〉를 제출한 송상호씨에게 돌아갔다.

이어 평론가들의 리뷰 편에서는 국내외의 주목할 만한 영화 6편이 소개되었다. 국내영화로는 곽영진 평론가의 〈밀수〉, 송영애 평론가의 〈더문〉, 박유희 평론가의 〈콘크리트 유토피아〉, 이수향 평론가의 〈비닐하우스〉, 강익모 평론가의 〈사랑의 고고학〉, 박태식 평론가의 〈탄생〉이 게재되었고, 국외영화로는 조혜정 평론가의 〈스즈메의 문단속〉, 정민아 평론가의 〈에브리씽 에브리웨어 올 앳 원스〉, 안숭범 평론가의 〈더 웨일〉, 윤필립 평론가의 〈바빌론〉, 이동준 평론가의 〈파멜만스〉, 이현재 평론가의 〈아바타:물의 길〉이 소개되었다.

마지막으로 한국영화평론가협회가 매년 선정하는 '영화 10선'이 2023년의 영화계를 가늠하는 결산물로서 게재되었다. 올해 '영평 10선'은 인상적인 데뷔작이 고루 포진해 있다는 점이 가장 먼저 눈에 띈다. 코로나 19와 함께 영화계도 오랜 몸살을 앓았지만, 곳곳에서 끊임없이 새로운 감독들이 반짝이는 영화를 들고 등장했다는 사실이 위안과 기쁨을 전해준다.

영화계가 그 어느때보다도 (상업적으로) 길고 깊은 침체의 늪에 빠진 상황에서 『영화평론』지에 게재된 주옥같은 글들이 많은 영화인들에게 지적 영감과 창의적 상상력의 기반이 되고, 참고문헌이 되어주길 바란다. 바쁜 와중에도 성실하게 원고를 보내주신 모든 필자 분들에게 감사드린다.

KOREAN

FILM

CRITIQUES